# 10分で名著

古市憲寿



講談社現代新書
2659

構成＝斎藤哲也

# はじめに

## 世界中の本は読みきれない

印刷技術の発明以降、全世界で出版された書籍は1億5000万タイトルを超えるという。日本の国立国会図書館の蔵書数だけでも、実に4500万点以上だ。さらに毎年、数え切れない新刊本が発売される。日本だけで年に約7万タイトルだ。

人間の寿命が有限である以上、死ぬまでに世界中の本を読むことはできない。どんな速読をしても不可能だろう。一日に1冊というペースでは、1億5000万タイトルを読み切るには41万年かかる。一冊を1分で読み、まったく睡眠を取らなかったとしても、285年かかる。

どれほど読書家ぶっている人も、世界に存在する本の100分の1どころか1000分の1も読めないわけである。

人間は、すべての本を読むことはできない。

だが心配する必要はない。ほとんどの本は、まるで面白くなかったり、知っていることばかりだったり、おおよそ読む価値がないものだから。たとえば、今さら『超・入門

Windows95』という本を読むべき人はまずいないだろう。

では、読むべき本とは何か。それは読者と時代によってても変わってくる。脚本家になりたいならまずは『SAVE THE CATの法則』。旅に出にくい時代には『0メートルの旅』。荒廃した未来世界で生き残ってしまった人には『この世界が消えたあとの科学文明のつくりかた』が役立つだろう。

絵本『げんきなマドレーヌ』を読んだ子どもは、常識から自由になれそうだ。家族に違和感を抱く人が『空中庭園』を読んだら、さらに家族に絶望するかも知れない。

では、万人が読むべき作品はないのか。それが「古典」や「名著」と呼ばれる作品群である。それは、世界中の読者や時代の厳しい選別の末に、生き残った書籍とも言える。

たとえば『源氏物語』の成立は約1000年前にさかのぼる。印刷技術もクラウドストレージもなかった時代、常に本は散逸の危険にあった。『日本後紀』などは、古代日本の正史だったはずなのに、全40巻のうち現存するのは10巻のみだ。

『源氏物語』が現存するのは、時代を超えた熱烈なファンがいたことの証拠である。『源氏物語』に限らない。火事や戦火に見舞われた時、命からがら本を持ち出したり、せっせと写本を作ったり、そうした人々の情熱があったから、「古典」は生き残ってきた。

一方で、時代としてはそれほど古くはないが「名著」と呼ばれる作品には、社会に強烈なインパクトを与えたものが多い。マルクスの『資本論』（1867年）や、ルソーの『社会契約論』（1762年）などは、時に作者の意図しないかたちで、時代を作り、世界のあり方を変えてしまった。

たとえその本を読んだことがなくても、エッセンスは社会に浸透し、我々の生活に影響を与えているのだ。

## 難解な名著をどうやって読むか

先人たちが情熱を持って読み継いできた「古典」や、世界のあり方を変えてしまったくらい斬新で衝撃的だった「名著」なら、読んでもいい気がしてくる。

単純に、昔の人が何を考えていたのかを知るのも面白そうだ。どれくらい現代人と感覚を共有しているのか。もしくはまったく違うかたちで世界を認識していたのか。

だが、ここで一つ大きな問題が立ちはだかる。「古典」や「名著」と呼ばれる作品は、往々にして難解なのだ。ここで言う難解というのは、「まったく読み進められない」という意味ではない。

翻訳大国・日本であるから、世界中の名著が日本語に訳されている。多くは手に入りやすい文庫になっているから、読み始めるところまでは簡単だ。

どんな本も、時間をかければ一行目は読めるはずだろう。きっと二行目、三行目も。だけど次第に、迷路にでも迷い込んだ感覚に襲われるかも知れない。「これって一体、何の話だったっけ」「著者は何を言っているのだろう」と。

それでも努力家は、何とか一冊を読み通そうとする。何せ、歴史に選ばれた「名著」や「古典」なのだ。頑張って最後まで読めば、何かとてつもない知見が得られるはずだ。そう思って、とにかく文字を追う。時間をかける。

残念ながら、その努力は99％、無駄で終わると思う。

なぜ「名著」や「古典」は難解とされるのか。それは頭の良さの問題ではなく、前提知識の問題である。

この『10分で名著』をはじめとして、新しく書店に並ぶ本の多くは、前提知識がなくても読めるように書かれている。

正確にいえば、２０２０年代前半の日本語話者に向けて書かれている。たとえば「大阪万博が東京オリンピックみたいにならないか心配だ」「眞子さんと圭くんが幸せになれるといいけれど」という現代日本に住む人には、何てことのない一文も、１０００年後の人が読む時には注釈が必要になるはずだ（そこまでして読みたいかは知らない）。

「名著」や「古典」でも同じことが起こる。たとえばダンテの『神曲』には、実名がバンバン登場する。当時の読者には楽しかっただろうが、今の日本語読者には、さっぱりどころか、読みにくさの一因にもなっている。

幸いなことに、「名著」や「古典」には、人生を掛けて、その一冊と向き合ってきたようなプロがいる。何の前提知識もなく、いきなり分厚い古典を読んで、「やっぱり難しい」とあきらめてしまうのは、あまりにも勿体ない。

もちろんプロの言うことが１００％正しいとは限らない。初読者が思いも寄らぬ発見をする可能性はゼロではない。確かに本の読み方に正解はない。

だが、「名著」や「古典」は、古今東西、数え切れない人に読まれてきたのだ。せっかく地図がある街を、手ぶらで歩くのは、あまりにも効率が悪い。結果的に地図を見ないとしても、一応は先人の言うことを聞いておいて損はない。

## 名著は自分で読まなくても面白い

というわけで、厳選した12の「名著」や「古典」について、その道のプロに読み方、読みどころを聞いてきた。本書はいわば「名著の歩き方」ということになる。

『神曲』『わが闘争』『源氏物語』『失われた時を求めて』『資本論』など、誰もがタイトルくらいは学校で習うが、実際に読み通すのが難しそうな本を中心に選んだ。

やはりプロの話は面白い。

『神曲』で主人公はクライマックスで神に出会うのだが、その「神」とはどんな姿だったのか。『源氏物語』に登場する、好きな女性とはセックスできず、添い寝しかできない男の悲哀。『社会契約論』を書いたルソーは、立派な教育論を書きながら、内縁の妻との子どもは孤児院に送り込んでいた。

ヒトラーの自信の源には『わが闘争』による莫大な印税収入があった。『国富論』を書いたアダム・スミスも印税のことをめちゃくちゃ気にしていた。

ぱらぱらと本書をめくるだけで、「名著」や「古典」、さらにはその作者がぐっと身近に感じられるだろう。

その意味で、各章を読んでからだと、「名著」や「古典」のハードルはぐっと下がると思う。通読は無理でも、「ここだけは読んでみよう」「このシーンは面白そう」というポイントくらいは見つかるはずだ。

さらにもう一つ、本書の隠れた効用を伝えておこう。それは、「名著」や「古典」を読んだふりができる、ということだ。

何せプロが読みどころを教えてくれている。ただ通読した素人よりも、何倍も的確な感想を言えるだろう。「カミュの『ペスト』で感心したのは、初めは死者の数が細かく書かれているのに、だんだん語られなくなっていくところだよ」という具合である。

もっとも、それが真に意味がある行為かはわからない。

たとえば『地球の歩き方』のスペイン編を読めば、スペインに行ったふりはできるだろう。下手をしたら、イビザ島でクラブにだけ入り浸っていただけのパリピよりも、『地球の歩き方』を読み込んだ人のほうが、はるかにスペインという国には詳しいかも知れない。だけど、それは何だか切ない。そういえば、浦沢直樹さんの漫画『20世紀少年』でも、大阪万博に行けなかった少年が、ガイドブックを読み込んで、万博を満喫したふりをする、というエピソードがあった。それが遠因でとんでもない事件が起こるのである。

スペインや万博に行くことに比べて、「名著」や「古典」を手に入れるのは、とても簡単だ。古い翻訳でよければ、ネットで全文が公開されている本もあるし、読みやすい新訳も手に入りやすい。

プルースト『失われた時を求めて』について聞いた高遠弘美さんの言葉に励まされる人は多いと思う。

曰く「作品には『読み時』がある」「途中で読めなくなっても『挫折』と思わないほうがいい」、さらには「数ページ読んでダメだったら『積読』にしておいてもいい」。なぜなら、背表紙がちらちら目に入るだけでも、いつか読みたくなる時が来るかも知れないからだ。

各章は、どこから読んでも構わない。冒頭では、対談パートの構成を担当してくれた斎藤哲也さんが「基礎知識」をまとめてくれている。そこから読んでもいいし、いきなり対談から読み始めてもいい。少しでも難しいと感じたら、その箇所は読み飛ばして欲しい。

タイトルの通り、だいたい一章が10分で読み切れるサイズになっている。たった10分で名著の勘所がわかるという意味では、便利な本と言えるだろう。

本書が、現代日本と名著の、渡りやすい架け橋になれば嬉しい。そしてこの本自体も、10年後、１００年後に「名著」扱いされていればいいのだけど。

# 目次

**原**　そうなんです。人間も同じように考えられていて、ある人間が死んでも、また子どもが生まれることが円環として考えられていました。つまり、季節が一周すると、もう一度同じ顔の人間がやってくると。

**古市**　春が毎年やってくるように、人間もこの世界にまた戻ってくるんですね。

**原**　そういう時間感覚のなかでは、「個人」という概念は生まれません。

**古市**　人々は「個人」として生きるというよりも、身分や共同体に組み込まれていた。

**原**　でも都市文明が生まれると、職人や商人などいろいろな職業ができますよね。とくに当時のイタリアでは、貿易が盛んになりました。そうすると、個人の裁量で大きな商取引の決定をしなければいけない。つまり都市は、個人が自分の裁量で物事を決めてやっていく社会をつくりあげていくわけです。

**古市**　都市の発展と共に類型的だった人生にバリエーションが生まれ、さまざまな生き方を謳歌する「個人」が誕生したんですね。

**原**　ただ、「個人」という考え方が社会で定着するためには、誰かが概念として明確にしなければいけません。『神曲』で描かれているのは、そういった当時の個人というあり方なんです。

## 煉獄が生まれたのはなぜか

**古市**　『神曲』は、地獄篇、煉獄《れんごく》篇、天国篇という3部構成ですよね。地獄も煉獄も天国もあの世のことですが、それが個人の生き方とどうつながっているんですか。

**原**　じつは都市文明が起こる前は、ほとんど階級によって天国と地獄に振り分けられていたんです。簡単に言うと、騎士と貴族は文字の世界に触れられるから、キリスト教との関係を作れる。それに対して農民たちは、文字が読めずキリスト教の世界から遠ざかっているので、地獄に落ちるんです。

**古市**　文字が読めないだけで地獄に落とされる。シンプルですが恐ろしい設定ですね。じゃあ、天国でも地獄でもない、煉獄というのは何ですか。

**原**　じつは煉獄という言葉は聖書にはありません。

**古市**　えっ、そうなんですね。

**原**　ダンテの時代にも、煉獄がどういうところか決まっていないんです。そもそも煉獄は、1150年代以降に出てきた考え方です。キリスト教が興ってからずっと、死後の世界は天国と地獄の二つに分かれていました。ところがさきほど言ったように、商業経済が栄えて都市が勃興してくると、都市市民が台頭していきます。多様な生き方をする都市市民は、天国に行くか、地獄に落ちるかという考え方になじみません。そこで、都市住民たちが行く場所として煉獄が必要になったのです。実際、「煉獄篇」にはダンテの身の回りの人が多く登場するので、〈友情の篇〉とも言われているんです。

**古市**　なるほど。都市市民の台頭と煉獄の誕生はセットなんですね。宗教というと、「昔からの教えをずっと守る」というイメージを持ってしまいますが、実際には時代と共に内容も変わっていく。では具体的に、煉獄はどういう場所なんでしょうか。

**原**　たとえて言えば、軍隊に入る前の厳しい訓練所というイメージでしょうか。

**古市**　そこで矯正されるわけですか。

**原**　はい、全員確実に矯正されます。だから、トレーニングは過酷です。

**古市**　嫌だなあ。どんな矯正トレーニングが行われるんでしょう。

**原**　生前に犯した七つの大罪を清めるんですけど、そのトップに来る高慢の罪の場合、馬鹿でかい石を背負って歩く。重い石を背負うと、頭が下がるでしょう?

**古市**　皮肉の効いたトレーニングですね。その矯正が終わるとどうなるんですか。

**原**　煉獄での矯正、つまり贖罪を、ダンテは「清算」と言うんです。ダンテの生家は貸金業だったから、そういう言葉を使ったんでしょう。罪の清算を終えると、天国に行くことができます。まさに借金を返すようなイメージですね。

**古市**　矯正されずに地獄に落ちることはないんですか。

**原**　ありません。清算の時間は罪の重さによって違いますが、最後はみんな天国に行くんです。だから場所も、地上でいちばん高い山頂にあります。そこは天国のすぐそばなんです。

## ダンテの執筆動機

**古市**　ダンテは、なぜ『神曲』を書こうと思ったんですか。

**原**　一つは、当時のフィレンツェの社会体制に腹が立っていたんだと思います。地獄篇なんて、怒りに満ち満ちていますから。

**古市**　フィレンツェの何にそんなに怒っていたんでしょうか。

**原**　１３００年代のフィレンツェでは、たいへんな政治抗争が起きるんです。ダンテはその渦中のひとりで、当初は政権側にいたのですが、クーデターによって弾圧を受ける側にまわってしまった。その結果、フィレンツェから追放処分を受け、死刑まで宣告されてしまいます。追放された後、ダンテがフィレンツェに戻ることはありませんでした。その怒りが執筆の動機にはあったと思います。

**古市**　その怒りを政治的な論文や文書にせず、物語に託したのはなぜですか。

**原**　フィレンツェだけが変わっても、世界は変わらないという思いがあったのでしょうね。フィレンツェのみならず、罪のない人々や正しい人々が、天災や人災に襲われて死んでいく。どうすれば平和な世界というのが実現するのか。そういう大きな問いを描くためには、舞台を世界全体に広げないといけません。

**古市**　都市国家という狭い範囲を超えて、より広い世界の平和を考えようとした。

**原**　そうです。もう一つは、当時の論文形式の文書は、基本的にはラテン語で書かれています。でも、全世界が平和にならなければならないというダンテの考えの中には、ラテン語を使えない人たちも入っている。彼らのためにも書かなければいけないので、論文のような形式は選ばなかったのでしょう。

**古市**　追放されてから、ダンテは、どんなふうに『神曲』を執筆していったんですか。

**原**　いろんな宮廷を回り、そこでだいたい4歌ずつ発表していくんです。

**古市**　『週刊少年ジャンプ』の連載みたいな感じですね。亡命者の身だから、面白いことを書かないといけないという意識もあったんでしょうか。

**原**　あったでしょうね。ウケると、その宮廷に居やすくなるでしょうし。

**古市**　人気投票に一喜一憂する現代の漫画家と似てますね。

## 地獄に行けるのは特殊な人

**古市** 地獄篇、煉獄篇、天国篇のなかで、一番読みやすいのはどれでしょうか。

**原** お勧めは地獄篇ですね。エンターテイメントとして面白い。

**古市** どのあたりが面白いんですか。ストーリー自体が起伏に富んでいるのでしょうか。

**原** 『神曲』では、地獄に行ける人ってかなり特殊な人なんですよ。悪いことをしたらみんな地獄へ落ちるかというと、そうじゃないんですね。「俺、悪かったな」と少しでも思ったら、矯正の可能性があるということで、すぐに煉獄に送られてしまうわけです。

**古市** じゃあ、文字の読めない農民以外だと、どういう人が地獄に落ちるんですか。

**原** 確信犯的にその犯行を選んで、かつ俺は悪くないと言い張れる人間だけです。そういう人間は面白いでしょう？

**古市** たしかにキャラが立ってますね。何人か思い浮かびますけど（笑）。

**原** 偉い人で、とんでもなく悪いことをして、それを必要悪だったとか言い出すと危ない。

**古市** そこまでして初めて、地獄に落とされるんですね。『神曲』では、地獄に行くとどんなことが起こるんですか？

**原**　いろいろ嫌な目に遭い続けるわけですよ。軽いところでは、風に飛ばされているとか、みぞれ雪の泥の中に寝続けるとか。

**古市**　地味に嫌な罰ですね。

**原**　もっと落ちていくと、血の川にずっと浸けられている。そこから頭を出すと、番人のケンタウロスがいじめに来る。あるいは暑い砂漠で火の粉が降ってくる。そこで火傷しながら永遠にいつづけなければいけない。

**古市**　地獄の場合、一回落ちたら救いはないんですか。

**原**　ありません。生前に自ら悪を選んだので、希望を叶えてあげたという理由だと思います。

**古市**　一方の天国はどういう場所なんですか。

**原**　設定上は、みんな幸せになっています。ただ、天国に行くと欲はないんですね。神と直接交信できる場所だから、いるだけですべて満たされてしまうんですね。

**古市**　現代人の感覚からすると、廃人と紙一重の気がしてしまいます。だって神には触れているというけれど、何もしないわけだから。

**原**　食べる必要がないからね。ただ、ダンテと会った人は、頭は使ってます。

**古市**　そうか、知能は残っているんですね。

## 『神曲』のクライマックス

**古市**　『神曲』は、ダンテが、地獄、煉獄、天国と回っていくんですよね。

**原**　はい。

**古市**　最後はどうなるんですか？

**原**　神と会います。

**古市**　神！　それを聞くと読み進めたくなりますね。神は一体どんな姿なんだろうって。

**原**　じつはそこまでは書かないんです。

**古市**　じゃあ、どうして神とわかるんですか。

**原**　神と出会う場面は、「我が知性は烈しい閃光に撃ち抜かれ、その中で望んだ神秘が知性に到来した」と描かれています。神が光となって、ダンテの魂と接触した。まさにここがクライマックスです。

**古市**　神と会うことが不遜という考え方はなかったんですか。たとえばイスラム教では、神を描くのはＮＧですよね。

**原**　だから光で描いたんじゃないでしょうか。

**古市**　天国篇の後半はとにかく眩しそうな描写が続きますね。

**原**　神に形を与えてしまうと偶像崇拝になってしまいますから。

**古市**　神を感じたダンテは、すべてを悟ったということなんですか。

**原**　そう、でも地上に帰ってきたら、その能力は保持されません。

**古市**　ダンテは神に会ったあとは地上に帰ってくるんですね。

**原**　はい。帰って来て、実生活上の辛い目に遭う。でも、世界を正常化しなければいけないという使命を神から預かっている。だから預言者として『神曲』を書くという構成をとっているわけです。

**古市**　だから「あの世の紀行文」みたいな体裁なんですね。

**原**　かなりの力技でしょう? ペンの力を振るわせるために、自分を登場人物として地獄、煉獄、天国を巡ってまわり、神にも会ってしまう。そういう設定のもとで、生身の人間であるダンテが書きたいことを預言として地上に伝え、世界を変えようとした。ある意味、とんでもない作品ですよ。世界を動かす力を本に与えようとしたのですから。

**古市**　『神曲』で世界を変えられるとダンテは信じていたんですね。

**原**　そうだと思います。けっこう恐ろしい話ですよね。

## 詩人ダンテを楽しむ読み方

**古市**　当時、ダンテが相当な覚悟を持って『神曲』を執筆したことはわかりました。でも『神曲』を現代人が読む意味って何だと思いますか。

**原**　冒頭の話とも関係しますが、『神曲』は、私たちの世界を形作っている「個人」というものに、最初に形を与えた作品の一つといっていいでしょう。つまり『神曲』は、私たちの世界の出発点に位置しているわけです。だとすれば、『神曲』を読むことは、現代社会のルーツを知るという意味があるんじゃないでしょうか。

**古市**　ダンテが個人の生き方を描き、それを多くの人が読んだから、「個人」という考え方が広まっていった。その延長線上に現代人もいるということですね。

『神曲』って、第1歌、第2歌……というように、ストーリーは詩で語られています。詩という観点から、この作品の楽しみ方を教えてください。

**原**　煉獄篇には、けっこう詩人たちが出てくるんですよ。そこに注意しながら読むと、ダンテが文学者としてそれまでの詩の流れを整理して、自分のポジションを確定しようとしているのがわかると思います。

**古市**　たとえば、どういう詩人が登場するんですか。

**原**　ダンテの最大の標的は、グイド・カヴァルカンティという、ダンテより少し年上の詩人です。「清新体」と呼ばれる作風のリーダー格で、ダンテにとっては師匠的な存在でした。でも、よく読んでみると、いろいろなところでカヴァルカンティの詩を引用しつつ逆転して使っていたりしているんです。

**古市**　その師匠は、キャラクターとして物語のなかに登場するんですか。

**原**　グイド本人は出てきませんが、地獄篇の第10歌に、グイドの父親が亡者として出てきます。そしてダンテに「俺の息子はどこだ。なぜおまえといっしょでない」と尋ねるんです。ダンテは、お前の息子はいないよ、と答えます。つまりそういうシーンを盛り込むことで、師匠を超えようとしているわけです。

## もしもダンテと話せたら

**古市**　ダンテは『神曲』を使って、師匠の詩にケチをつけているんですよね。性格的にはどうだったんでしょう。

**原**　負けん気がすごく強かったと思います。カヴァルカンティとの関係に関して言えば、カヴァルカンティが死ぬ前から、お互いに対抗した詩を書いています。つまり、ライバル意識はめちゃくちゃ強かったわけです。で、カヴァルカンティが先に死んだわけだから、生き残った自分がとりあえず「勝った」と言っとくよ、というところでしょうか。

**古市**　原さんはダンテと仲良くなれそうですか。

**原**　うーん、ものすごく性格が悪い人だから、親友は無理でしょうね。友だちになってもいいけど、距離は欲しい。

**古市**　逆に、他人におもねるようなことはなかった人なんでしょうね。

**原**　ないですね。固定した宮廷に仕えるってこともしなかった。「この罪を認めるなら、フィレンツェに復帰してもいいよ」という話があった時も、蹴っているんですね。よくいえば清廉潔白で、美しくあろうとはする人なので、媚びへつらいはないと思います。

**古市**　ダンテに会ったら話してみたいことはありますか？

**原**　ちょっとやりすぎじゃん、と言いたいですね(笑)。世界を動かす道具を作ってしまったわけだから。それはじつは恐ろしいことなんだと。

**古市**　じつは現代にも影響を与えているような本をつくってしまったということですね。

**原**　そう。自分の力を行使しようとしたんですよね。それは文学としてはおそらくやりすぎだと言いたい。文学は、みんなが行動を起こすように考えさせるところで、止めなきゃ

れる。

第3部は、源氏亡き後の子孫と宇治の姫君たちの物語。公式には源氏の晩年の子とされるが、じつは父親は別の男である薫《かおる》と、源氏の孫である匂宮との二人を中心に、さまざまな恋愛模様が繰り広げられていく。

対談に登場いただいた大塚ひかり氏は、2008年から10年にかけて『大塚ひかり訳　源氏物語』全6巻（ちくま文庫）を上梓。訳者のことばとして「今回の全訳のポイントは、『源氏物語』にまつわる性愛の読みです」と記している。

大塚氏以外にも与謝野晶子、谷崎潤一郎、円地文子、瀬戸内寂聴、角田光代など『源氏物語』には多くの現代語訳が存在する。近年では、イギリスの東洋学者、アーサー・ウェイリーが1921年から33年に訳した英語版を逆輸入して日本語訳をした『源氏物語　A・ウェイリー版』（毬矢まりえ・森山恵翻訳）が刊行され話題になった。

## 現代小説としての「宇治十帖」

**古市**　『源氏物語』はボリュームのせいか、現代語訳で読み始めてもいつも途中で挫折してしまうんです。初めから順番に読んだほうがいいんでしょうか。

**大塚**　いいえ、『源氏物語』は54帖のオムニバス的なところがあるので、好きなところから読んでいいんですよ。

**古市**　ここから読むと入りやすい、というお勧めはありますか。

**大塚**　光源氏亡き後を描いた「宇治十帖」かな。「宇治十帖」って現代小説なんですよ。

**古市**　現代小説というのは?

**大塚**　二つの意味があります。一つは、紫式部が「宇治十帖」を現代小説として書いたということです。『源氏物語』って、76年以上にわたる時代大河小説なんですね。物語の始まりは、紫式部が生きた時代よりも70~80年以上前という設定です。

**古市**　70~80年前ということは、現代人が朝ドラで太平洋戦争前後の物語を観る、くらいの感覚ですね。

**大塚**　そうすると最後の方は、紫式部にとっての現代になっている。それは登場人物のなかに、明らかに現実のモデルがいることからわかるんですね。もう一つは、現代人が読んでもリアリティがあるという意味で、現代小説と言えると思います。

**古市**　「宇治十帖」には光源氏のような主役はいないんですか。

**大塚**　薫、匂宮、浮舟《うきふね》という3人が主要人物ですが、光源氏のようなきらめきは全然ないんです。光源氏だと、好きな女がいたら、自分の父親の妻だろうが寝取ってしまう。でも「宇治十帖」に出てくる薫という男は、好きな女とはセックスできない。一緒に寝ても、添い寝しかできないような男なんです。

**古市**　今っぽいですね。昔からソフレ男子っていたんだ。

**大塚**　そこだけ見ると草食系なんですが、セックスできないのかというとそうじゃないんです。自分が見下している女とはできる。その女が浮舟です。浮舟は、皇族が女房（女性使用人）に手をつけて生まれた子です。しかも母親の再婚相手は受領《ずりょう》階級（地方官僚）なので、身分が低いんですね。物語では、最下層のヒロインと言えます。でも気品はあるし美しい。

薫はその浮舟を犯し、好きだった亡き女の形代《かたしろ》、つまり身代わりとして愛人にしてしまうんです。

**古市**　だいぶ屈折していますが、今でもそういう男はいますよね。自分に自信がなくて、自分よりレベルが下の女性だと付き合える。

**大塚**　身代わりになった浮舟は浮舟で、いろんな問題を抱えている。たとえば親子関係でも、いまでいう毒親育ちなんです。皇族である実の父親からは認知してもらえず、継父からは差別されている。お母さんの期待を一身に受けて、分不相応な薫の愛人になり、結局苦しむことになるんです。薫もダメ男なら、浮舟もダメ女なんですね。

## ダメ人間大集合

**古市**　薫は、なぜそんなに自分に自信がないんでしょう。

**大塚**　薫も出生に秘密があるんです。『源氏物語』全体の筋に関わってきますけど、晩年の光源氏の正妻が犯されて、子供を産む。それが薫です。犯された正妻は、出産後すぐに出家してしまいます。

**古市**　光源氏と血は繋がってないんですね。

**大塚**　そうなんです。薫は、小さい頃から薄々おかしいことは気づいてて、ある日その真実を知ってしまう。そのせいで自信はないのに、プライドだけは高いんです。浮舟のこともどこか見下しながらセックスしてたんだけど、人に寝取られたり失ったりすると急に惜年くらいコメント欄でやりとりして、ようやく直接会った。そうしたら会ったその日につきあって、すぐ結婚しました。

**古市**　ネットでやり取りをしていると、それだけでいろんなことがわかりますからね。

**大塚**　そうそう。その方が確実だと思うんです。見た目に惑わされる前に人柄がわかるし。当時の歌のやり取りが、いまではメールやコメント欄みたいなものなんでしょうね。

**古市**　マッチングアプリ経由で何度もメッセージをやり取りしてから、実際に会うという現代の恋愛は、もしかしたら『源氏物語』の時代に近づいているのかもしれません。

## 『源氏物語』の革命

**古市**　『源氏物語』に登場する女性は、いわゆる美人ばかりではないんですね。

**大塚**　そこはポイントで、私は『ブス論』という本で『源氏物語』のブス革命と呼びました。末摘花《すえつむはな》、空蟬《うつせみ》、花散里《はなちるさと》と、3人も不細工な女が出てくるんです。しかも3人ともイケメン主人公の光源氏と関係し、それが継続している。『源氏物語』以前にそんな物語はないんですよ。ここには紫式部のリアリストぶりが表れています。

**古市**　ただ読者を喜ばせるだけなら、美女ばかりを出せばいい気もします。

**大塚**　当時は、家や土地は母から娘へ相続されることも多いし、結婚も男が妻の家に通うのが基本なので、女性の経済力が重視されていました。だから金目当ての男がブスと結婚して捨てるという話はあったんだけど、『源氏物語』の場合、末摘花は貧乏なブスじゃないですか。でも光源氏は捨てないで妻の一人にする。花散里も落ちぶれたブス、空蟬は人妻ブスだけど、彼女たちを迎えてやるわけですよ。ブスを主要人物として取り入れただけでもすごいのに、彼女たち全員に何か救いみたいなものを与えている。当時としては革命的な文学実験です。美貌至上主義で読んでいる人たちは度肝を抜かれたんじゃないでしょうか。

**古市**　光源氏はどういうところに惹かれて、そういった女性たちと関係を持つんですか?

**大塚**　末摘花に対しては、はっきりと哀れみですよね。自分以外の誰がこの人に我慢できようか、と考えるんですね(笑)。そのあたりが理想の男とされるゆえんです。花散里は、家庭的っていうか、ものすごい聡明なんですね。空蟬はセンスがいいんですよ。空蟬と、空蟬の義理の娘(継子)が一緒にいるところを覗き見するシーンがあって、顔は義理の娘の方が美人なんです。でも空蟬はすごいセンスがよくて、パッと見空蟬の方がよいと思っているんですね。

**古市**　第2部は、光源氏が下り坂になっていくという話でしたが、女性にもモテなくなっ

第3回

# プルースト『失われた時を求めて』

高遠弘美《たかとおひろみ》

仏文学者、翻訳家。1952年生まれ、長野県出身。早稲田大学大学院フランス文学専攻博士課程修了。明治大学元教授。著書に『プルースト研究　言葉の森のなかへ』『七世竹本住大夫　限りなき藝の道』『物語　パリの歴史』など。現在、光文社古典新訳文庫にて『失われた時を求めて』の個人全訳を刊行中。また、翻訳を手掛けた『プルーストへの扉』が白水社より刊行されている。

## 『失われた時を求めて』の基礎知識　斎藤哲也

『失われた時を求めて』は、フランスの作家マルセル・プルースト（1871〜1922）の超長編小説。「スワン家のほうへ」「花咲く乙女たちのかげに」「ゲルマントのほう」「ソドムとゴモラ」「囚《とら》われの女」「逃げ去る女」「見出された時」の7篇からなる。

作品の主要な舞台となるのは、1880年代半ばから1920年代のフランス。語り手「私」の幼少期から40代くらいまでの時代が描かれる。対談に登場いただいた高遠弘美氏は、第1巻の訳者前口上で「本巻最初の数十ページを読み通すのは最初は容易ではないかもしれない」（『失われた時を求めて①』光文社古典新訳文庫）と語っている。

その冒頭は次のように始まる。

長い間、私はまだ早い時間から床に就いた。ときどき、蠟燭が消えたか消えぬうちに「ああこれで眠るんだ」と思う間もなく急に瞼がふさがってしまうこともあった。そして、半時もすると今度は、眠らなければという考えが私の目を覚まさせる。（同前）

ここから数十ページをかけて、「私」はさまざまな思案や回想にふけっていくので、たしかに読み通すのは容易でない。一つ注意してほしいのは、ここでの「私」は40代をすぎた「私」であることだ。ベッドの上で断片的に想起される「私」の記憶は、長い小説の中で少しずつ詳らかになっていく。そう、本作は壮大な回想小説なのだ。

これ以上の解説は不要だろう。高遠氏も本作のあらすじを知ることは「細部の輝きに目をつぶることになりかねない」(同前)と、先入観をもって読んでしまうことを強く戒めている。

2010年に始まった高遠氏による新訳は、2022年1月現在、6巻で第3篇「ゲルマントのほう」の途中まで。完訳を待ちながら、ゆっくりと味読してほしい。

## 要約を読んでも意味がない小説

**古市**　プルーストの『失われた時を求めて』はとにかく長い物語として有名です。世界最長の小説とも言われ、手を出すのに躊躇する人も多いのもわかります。読み通すためになにかコツみたいなものはありますか。

**高遠**　私が訳した『プルーストへの扉』(ファニー・ピション著、白水社)という本があるのですが、それがまさに、『失われた時を求めて』を読みたいと思っている人に向けたものなんですね。そのなかに、なぜプルーストを読むのかという問いに答えるくだりがありますす。最初に、自分の読書の経験を深めるためという真面目な理由が挙げられているんですが、次の理由がふるっているんです。それは、要約するより読んでしまったほうが楽だから、と。

**古市**　読んだほうが楽？　どういうことですか。

**高遠**　『失われた時を求めて』という作品は、こういう人が出てきて、こういう話ですと、要約ができないんですよ。だから、直接読んだほうがいいわけです。

**古市**　たしかに、ウィキペディアをはじめ、ネットでも『失われた時を求めて』の要約がたくさん見つかりますけれど、要約だけでも長いし、それを読んでも何がポイントなのか理解しにくい。でも、きちんとストーリーはあるんですよね。

**高遠**　あるにはあるんですが、ストーリーだけ追うと、たぶんすごく薄くなってしまうと思います。この小説を読む楽しさは、ストーリーの間に挟まっているんですね。読書論や芸術論が出てきたり、急にドストエフスキーやベートーヴェンの話になったりとか、いろんな話題に飛ぶんです。そうやって語り手の発想があちこちに飛んでいくのを自分で追っていくのが楽しい小説なので、要約することにほとんど意味はないんですよ。登場人物からして５００人くらいいますから。

**古市**　５００人！　『ＯＮＥ　ＰＩＥＣＥ』や『流転の海』よりは少ないですが、それでもたいへんな数です。

**高遠**　ええ。主要な人物だけでも１００人はいます。そんなにいたんじゃ、一人ひとりきちんと認識できませんよね。『失われた時を求めて』を読んで感じるのは、いろんな人たちが出てきては去っていき、あるときは姿を変えてまたやって来て……という時間を眺めるような感覚なんです。

**古市**　美術館に行って絵を眺めるように、読むこと自体に価値があるということですか。

**高遠**　そういうふうに私は思います。

## 内部の真実こそ重要である

**古市**　要約を読むのはあまり意味がないとしても、あらかじめなにか知っておいたほうがいいことはありますか。

**高遠**　最初の数十ページを読むのがなかなか難しいんです。プルーストは第1篇の原稿をいくつかの出版社に送ったんですが、こんなもの読めないと断られてしまって。その理由が冒頭部分なんですね。ある出版社は「紳士たる者が、眠りにつく前にベッドで輾転反側《てんてんはんそく》するさまを描くのに30ページを費やすということが理解できません」と書き送って、プルーストを失望させたという話もあります。

**古市**　その指摘に共感する読者は現代でも多そうですね。

**高遠**　私は好きなんですけれども、一般的には読みにくいかもしれませんね。ですから、プルーストを読むコツは、最初に開いてもしダメだったら少し飛ばし読みして、とにかく自分に合う箇所を見つけてみるということでしょうか。それでいいなと思ったら、また最初に戻って読む。そうするととっつきにくかったところも、「わかるじゃないか」という感じになる。そういう不思議な小説なんです。

**古市**　『失われた時を求めて』を通じて、プルーストが伝えたいメッセージというのは、何かあるんですか。

**高遠**　なかなか一言でいうのは難しいんですが、プルーストの創作手帳に「内部の真実こそ重要である」という言葉があります。人間それぞれが自分の内部の世界を持っている。その内部の世界の充実を図るべきだし、それこそが人生の目的である。そういった趣旨のことをその手帳に書いているんです。それを実践したのがこの小説だという言い方はできると思います。

**古市**　「内部の真実」。どういうことでしょう。

**高遠**　たとえば、有名なマドレーヌの挿話がありますよね。主人公が冬の寒い日に帰ると、母がマドレーヌと紅茶を出してくれた。その紅茶にマドレーヌを浸して口に入れてみたら、不思議な感覚とともに過去が蘇ってくる。

**古市**　第1篇の冒頭ですね。冒頭といっても100ページ以上ありますけど（笑）。

**高遠**　これも自分の内部の真実の扉が開けてくるということです。それまで日常生活に追われて閉ざされていた感覚や思考が、マドレーヌを浸した紅茶の一杯で蘇ってくる。主人公はそのことの重要性を認識するわけですが、ほんとうにその意味がわかるのは作品の最後なんですよ。この挿話からずっと飛んで、最後のほうになってやっと自分で小説を書こうという気になるわけです。

**古市**　主人公というのは、語り手ということですね。小説の最後に、語り手が小説を書こうと決意するんですか。

**高遠**　ええ。その小説は、自分の過去の時間を取り戻した人間の話になるだろうというふうに終わるんです。読者は、主人公である語り手が、最後に「自分はこれから小説を書くんだ」というくだりを読む。そうしたら、じゃあその小説はどういうものかと思い、それが自分が読んできた小説だと気づくわけです。『失われた時を求めて』は、そういう円環小説の形をとっているんですね。

**古市**　なるほど。いまではSFをはじめとして、円環的な仕掛けは珍しくありませんが、プルーストはその走りだったわけですか。

**高遠**　19世紀にそういう小説はあったかもしれませんが、これだけ大々的にやったのはプルーストが最初でしょうね。

## 数奇な出版経緯

**古市**　それにしてもこの小説は長いですよね。どういう経緯で『失われた時を求めて』はできあがったんですか。

**高遠**　厚さの話からすると、2020年初頭に、私は『物語　パリの歴史』（講談社現代新書）という本を出したんです。この本を書く時に参考にした『*Journal de la France et des Français*』というフランスの本があって、中世から西暦2000年までのフランスの歴史が事細かに書かれているんですね。この辞書みたいな本のページ数が2400ページです。『失われた時を求めて』の原書のページ数は、これと同じぐらいなんです。

**古市**　日本語訳だと数冊に分冊されていますけど、フランス語版はその一冊のなかに全部入っているんですね。最初からそうだったんですか。

**高遠**　いえ。最初に出たのは第1篇「スワン家のほうへ」だけです。それが1913年ですね。でもさきほど言ったように、その原稿を引き受けてくれる出版社がなかったので、グラッセという出版社から自費出版で出したんですよ。

**古市**　へー。世界的な名著が最初は自費出版だったんですか。じゃあどこで商業出版に切り替わったんですか。

**高遠**　プルーストの原稿を最初に断ったのは、フランスを代表するガリマール書店という出版社です。ただ、当時はまだできたての出版社で、作家のアンドレ・ジッドが編集顧問をしていたんですね。そのジッドが「こんなもの出せるか」とダメ出しした。ところが自費出版で出た本を読んで、そのすばらしさに気づいた。それで有名な謝罪の手紙を送るんです。

**古市**　どういう内容だったんですか。

**高遠**　「自分は生涯で一番大きな過ちを犯した。それはあなたの素晴らしい小説を自分のところで最初から出さなかったことである。ほんとうにすみませんでした。ついては、第1篇から第2、3篇も含めてぜひガリマールから出したい」と。

**古市**　エクストリーム謝罪というか、べた褒めですね。

**高遠**　最初はプルーストも、自費出版を引き受けてくれたグラッセとの関係もあるので、どうしようかなと迷ったらしいんですが、非常に誠実な手紙だったので、ガリマールから出すことを決めるんですね。ところが、自費出版をした1913年の翌年から第一次世界大戦が始まってしまいます。

**古市**　出版が止まっちゃうんですか。

**高遠**　そうなんです。もともと自費出版をした段階では、3篇で完結の予定だったんですよ。だからジッドも3篇までをガリマールで出したいと申し出たわけです。でも戦争で、出版ができなくなってしまった。それでも戦争中、プルーストは小説を書き続けました。その結果、最初の3篇の原稿がどんどん膨らんでいき、最終的に7篇になった。

古市　第一次世界大戦は1918年に終わります。

高遠　ようやく1919年に、新版の第1篇「スワン家のほうへ」と、第2篇「花咲く乙女たちのかげに」が出て、ゴンクール賞をとるんですね。

古市　それは権威がある賞なんですか？

高遠　はい。日本の芥川賞のようなもので、とても権威のある賞です。

## 刊行途中での死

古市　受賞後は順調に出版されたわけですか。

高遠　じつは4篇目の途中が出たところで、プルーストは亡くなってしまうんです。

古市　そうなんですか！

高遠　1922年に死んでしまう。でもちょうど死ぬ少し前に原稿を書き終えていました。原稿の最後に、英語の「the end」に相当する、「fin」という言葉を書きつけていたので、そこで終わりだということはわかったんですね。でもプルーストは、ものすごく修正をする作家なんですよ。創作手帳や原稿に、加筆した小さい紙をいっぱい貼っていく。その増殖のしかたがすごいんです。2000年にフランスの国立図書館で開かれた「マルセル・プルースト展」に展示されているのを見たことがありますが、ほとんど壁一面ぐらいにページが広がっている。だから活字を組み、出版するのもたいへんだったと思います。

**古市**　壁一面とはすごいですね。

**高遠**　少し脱線してしまいましたが、死後、1923年に第4篇の残りと第5篇、1925年に第6篇が出て、1927年にようやく最終篇「見出された時」が出て完結しました。1913年からじつに14年がかり、しかも作者は途中で死んでいるという、きわめて珍しい出版のされ方でした。

**古市**　円環構造で終わるというのは、どの段階で考えたんでしょうね。

**高遠**　それは1913年の最初の段階から決まっていました。ただ、そこからどんどん増殖していくわけです。戦争を挟んでますから、戦争中のパリの様子や軍隊の話、軍事的な戦略戦術についての考察みたいなことまで入っているんですよ。だけど、出版の途中で死んでしまったということは、死後に出版された部分については、ゲラ刷りを直すことができないじゃないですか。その意味では、未完的な要素を残す小説でもあるわけです。

**古市**　死後に出版された部分って、草稿の扱いはどうなるんですか。

**高遠**　それがたいへんなんです。遺品をいろいろ整理している時に、「これは第6篇のこの部分に入るんじゃないか」という書き物が出てくるわけですよ。そういったものの扱い

**高遠**　宣伝めいた話になってしまいますが、私がいま個人で訳している光文社古典新訳文庫のものは、註をたくさん付けていて、註を見てもらえればたいていのことはわかるようになっています。だから前提知識みたいなものも特に必要ありません。私の翻訳の特徴は、日本の普通の読者が、普通に読んでわからないところは註をつけるというのが方針なので、難しいものを読むぞと構える必要はなく、フッと読めばいいんですよ。

**古市**　読むのに適した年齢はあると思いますか？

**高遠**　それも人によりけりですね。じつは何年か前に、中学2年生の女の子が出版社を通じて、ファンレターをくださったんですよ。プルーストを読んで、とても面白い。こんな小説は初めて読んだので、どうしても手紙を書きたくなって書きましたと。

**古市**　中学2年生ですごいですね。

**高遠**　私もさすがに感動しました。その後、メールなどでやりとりして聞いたところでは、たまたま図書館か何かで見かけたらしいんですね。で、私の「訳者前口上」を気に入ってくれて。そこで私が書いたのが「1913年の読者に戻ろう」ということなんです。

**古市**　1913年の読者？

**高遠**　これだけの名著になってしまうと、いろんな前情報が頭に入ってくるために、逆に読めなくなっている人が少なくないと思うんです。だから、とにかく1913年のまっさらな状態、1913年11月に本屋さんに行ったら、名前も聞いたことのないマルセル・プルーストという人が書いた『失われた時を求めて』の第1篇「スワン家のほうへ」という本が目に入った。それで開いて読んでいるうちにピンとくるかこないかの話なので、こなかったら閉じちゃえばいいんです。

**古市**　「世界的名著」とか、そういう先入観を持つ必要がない、というわけですね。

**高遠**　そのほうが自分のプライベートな経験と作品が共鳴しやすいんですね。ファンレターをくれた女子中学生は、第1篇「スワン家のほうへ」を4回読み、第2篇「花咲く乙女たちのかげに」は3回読んだそうです。中学生、高校生でもピンと来る人はいる。事前知識はもたず、まっさらな状態で読んだほうが入っていきやすいんです。

第4回

# アインシュタイン「相対性理論」

竹内《たけうち》薫《かおる》

サイエンスライター、作家。1960年生まれ、東京都出身。東京大学理学部物理学科卒業。マギル大学大学院博士課程修了。専攻は科学史・科学哲学、高エネルギー物理学。近著・訳書に『生命とは何か』『ゼロから学ぶ量子力学　普及版』など。

## 「相対性理論」の基礎知識　斎藤哲也

「相対性理論」は書名ではなく、アルベルト・アインシュタイン（1879〜1955）が提唱した特殊相対性理論と一般相対性理論との総称。

1905年、25歳のアインシュタインは論文「動いている物体の電気力学」を発表し、特殊相対性理論を提出した。それまでのニュートン物理学では、絶対時間と絶対空間、すなわち時間と空間は、外部から影響を受けない不変不動であることが前提とされていた。

特殊相対性理論はこの前提を覆すものだ。アインシュタインは、光の速度が一定であることを原理として捉え、時間も空間も相対的であることを理論化した。たとえば特殊相対性理論にもとづけば、ある人にとっては同時に起こった事象が、別の人にとっては時間差で起こる。あるいは、止まっている人から見ると、動いているものの長さは縮んで見える。このように、時間や空間は不変不動ではなく、状況によって伸び縮みすることをアインシュタインは理論的に提示したのである。

特殊相対性理論は、等速直線運動に限定した理論であり、加速度や重力の問題は考

ば、僕の時計は1時間進んで見えるはずですよね。

**竹内**　そうですよね。それは宇宙には絶対的な基準があると考えるからです。アインシュタインがすごいのは、そんな絶対的な基準はないと考えたところです。あるのはお互いの速度差だけ。だから私も絶対じゃないし、古市さんも絶対じゃない。お互い相対的な立場でしかない。こういうことをアインシュタインは数式にして発表したんですね。

**古市**　人間が宇宙ステーションに行って帰ってくると、時間は少しずれている、という話はよく聞きます。これは正しい？

**竹内**　ごくごく若干ですけどずれます。でも今のロケットの速度くらいだと、感覚的にはまったくわからないぐらいのずれでしょうね。似たような実験はされていて、地球の周りをぐるぐる飛行機で周って帰ってくると、やっぱり時間はずれていたんですね。

**古市**　そういうことはニュートンの物理学ではわからなかったんですか。

**竹内**　そうです。ニュートン力学の場合、絶対空間と絶対時間というものを仮定しているから、空間も時間も一つなんです。でも相対性理論では、時間も空間も一つじゃないんですね。

**古市**　そうか、別々のロケットに乗った場合、それぞれに時間の流れがある。

**竹内**　時間も空間もたくさんあるということですよね。よくごっちゃにされるのは、心理的な時間です。楽しい時の時間と苦しい時の時間は違うじゃないですか。ただ比喩としてなら、それで理解するのもありだと思います。心理的な時間は、脳が伸び縮みさせているわけですけど、それが実際に物理現象としても起きているということだから。

## 特殊相対性理論と一般相対性理論の違い

**古市**　アインシュタインは相対性理論を本として出版したんですか。

**竹内**　いえ、論文です。１９０５年に、第１論文、第２論文という二つの論文を発表しました。

**古市**　当時、科学者たちはその論文を理解できたんですか。

**竹内**　ほとんど理解されなかったようです。これはウソだと思うけれど、発表された当初、世界中で理解できたのは３人しかいなかったと言われています。

**古市**　じゃあ、当時からすぐ受け入れられたわけじゃないんですね。いつごろから相対性理論は理解されるようになったんでしょうか。

**竹内**　１９０８年に、ヘルマン・ミンコフスキーという数学者が相対性理論をグラフにする方法を発見してからでしょうね。ミンコフスキーは、アインシュタインの先生だった人上の時計よりも進んでしまうんですね。これを放置したら、どうなります？

**古市**　その分だけ、測定する地上の位置もずれてしまいそうですね。

**竹内**　そうなんです。だいたい距離にすると、一日10キロぐらいの誤差が出て、使い物にならない。でも相対性理論は、重力が違うと時間がずれることを数式で表している。だから相対性理論を使って、GPS衛星の時計を補正することができるわけです。

## アインシュタインもまちがえた

**古市**　アインシュタインはなぜ天才的な理論を生み出せたんでしょう。

**竹内**　時間があったからだと思います（笑）。ニュートンもそうでした。ニュートンの場合、当時、黒死病が流行って大学が閉鎖されてしまった。それで、地元に戻って暇だったので、『プリンキピア』という重力理論の分厚い本をほとんど書いてしまったんです。

**古市**　暇って大事なんですね（笑）。

**竹内**　アインシュタインも考える暇がありました。彼は、同級生の中で一人だけ大学の研究室に採用してもらえなかったんですよ。結局、親友のお父さんに頼み込んで、ベルンの特許局に就職しました。これがよかったんでしょうね。頭がいいので、午前中には仕事はこの理論の面白いところは、超ひも理論の方程式を解くと、無数の宇宙が存在する可能性が出てくるんですよ。重力が強い宇宙、弱い宇宙、電磁力が強い宇宙、弱い宇宙、原子ができた宇宙、できなかった宇宙……、こういうたくさんの宇宙があるという理論をマルチバース理論と呼んで、いま真剣に研究されているんですね。

**古市**　そもそも宇宙って、どうやって生まれるんですか？

**竹内**　これは超ひも理論とは少し違いますが、たとえば宇宙が歳をとっていくと、そこから別の宇宙が生まれるという仮説があります。そのときに産道が必要で、それがブラックホールなんだと。だからブラックホールというのは、新しい宇宙を生んでいるんじゃないかというんです。そういうことをアインシュタインの理論を使って論文に書いている人もいます。

**古市**　その宇宙は、我々が生きている宇宙とは別なんですよね。

**竹内**　そうです。ブラックホールの外は別の宇宙と考えていいわけです。ブラックホールの境界線から落ちたらもう帰ってこれないと言われているけれど、その中からすると、ブラックホールは新しいビッグバンが起きたということになります。数式上はそう考えても辻褄が合うんです。

**古市**　じゃあ、もしも人間がブラックホールを作ることに成功したら、宇宙は作れるということですか？

**竹内**　そう思いますね。実際に宇宙を作るという論文もありますよ（笑）。

**古市**　宇宙は作れる！

**竹内**　「インフレーション宇宙」というアイデアを出している、宇宙物理学者のアラン・グースはそういう論文を書いています。

**古市**　ほんとうに作れるんですか？

**竹内**　実際に作ろうと思うと、ハードルはとんでもなく高いと思いますね。角砂糖くらいの物質を、めちゃめちゃ狭い領域に押し込める必要がある。でもその技術を人間は持っていないんですよ。

**古市**　なるほど。でも、理屈としては意外とシンプルなんですね。ブラックホールを作れれば……。

**竹内**　そうそう。何か起きるんじゃないか、みたいな（笑）。

## マッドサイエンティストが創造主になる日

**古市**　もし宇宙を作れるのだとしたら、僕たちが住んでいるこの宇宙に創造主がいてもお

第5回

# ルソー『社会契約論』

**東浩紀**《あずまひろき》

批評家、作家。1971年生まれ、東京都出身。東京大学大学院総合文化研究科博士課程修了。株式会社ゲンロン創業者。専門は哲学、表象文化論、情報社会論。著書に『存在論的、郵便的』『動物化するポストモダン』『クォンタム・ファミリーズ』『一般意志2・0』『ゲンロン0 観光客の哲学』『ゆるく考える』『ゲンロン戦記』など。

## 一般意志の謎

**古市**　ルソーの『社会契約論』は、ひと言で言うとどんな本ですか。

**東**　近代民主主義の基礎となる本ですよね。フランス革命を作り上げた本とも言われていて、近代民主主義について考える上では絶対に避けて通れない本だと思います。

**古市**　一方で、ルソーの思想は民主主義というよりも全体主義だと評されることもあります。その点はどうなんでしょうか。

**東**　それはルソーの「一般意志」という概念に関わる問題です。まず社会契約について説明しましょう。人間は自由で孤独な存在として生まれると想定します。しかしこの自然状態はいつしか維持できなくなり、人間は集団生活を行い、社会を作らざるを得なくなる。そこで人々は社会契約というものを結びます。

**古市**　その点ではルソーよりも前の時代の思想家、トマス・ホッブズやジョン・ロックも同じ構図で議論をしていますね。

**東**　しかしルソー以前の社会契約は、たとえばホッブズの場合、人々がすべての権利を王様や政府に委ねることで、はじめて国家は成立すると考えるわけです。つまりホッブズによれば、さきに個人と政府が別々にあり、そのあとで社会契約が両者のあいだで結ばれるんですね。

**古市**　ルソーの『社会契約論』から遡《さかのぼ》ること約100年、1651年に出版されたホッブズの『リヴァイアサン』ですね。

**東**　ホッブズとルソーの社会契約論はかなり違います。ルソーは、バラバラの個人一人ひとりが、社会をつくるために全員と一斉に契約する、という変な言い方をしている。その契約によって一般意志というものが立ち上がり、人々は、その一般意志を使って政治をする権利を王や政府に委託するんだと。要するに、ルソーの社会契約は、そもそも社会をつくる契約なんです。

**古市**　ルソーのいう社会契約は、支配者と被支配者の間の契約ではないんですね。それでも、自由な個人を尊重した思想ではないんですか？

**東**　そう思えますが、他方でルソーは、一般意志には絶対に従わなければいけないと言います。たとえば、ある国家の一般意志が「死ね」と命じたら、市民は無条件に死ななければならないとまで断言してしまう。これは明らかな全体主義に見えるわけです。

**古市**　そこだけを聞くと、全体主義であり、ナショナリズムとも親和性の高い思想ですね。

**東**　だからルソーは、近代的な自由主義や個人主義の起源としても読まれるし、全体主義の起源としても読まれる。いったいどっちなのか、というのはずっと議論され続けています。

**古市**　ルソーのいう社会契約って、どのように成立するんですか。

**東**　そこがすごく謎めいてるんですよ。要約するのは難しいんですが、ルソーは、社会契約とは、人民一人ひとりが「自分の持つすべての権利とともに自分を共同体全体に完全に譲渡すること」だと言っています。だけど、各人はすべての人に自分を与えるから、結局は誰にも自分を与えないことになる。そして、自分が譲渡した権利と同じ権利が社会契約によって自分のところに戻ってくるし、自分が持っているものを保存する力を、契約前よりも多く手に入れるんだ、と。

**古市**　なかなかトリッキーな理屈ですね。

**東**　つまり、人々は全部を与える代わりに全部戻ってくるから、何も失わずに社会が成立するというロジックになっている。変なロジックですよね？　大事なのはこれを理解しようと思うことではなく、このすごく変なロジックが近代民主主義の基本にあるんだと理解することです。

## 自分たちで自分たちを統治する

**古市**　ルソーの理論は同時代の人には受け入れられたんですか。

**東**　ルソーが生きている間は『社会契約論』はそんなに読まれなかったと言われています。『社会契約論』は1762年に出版されていますが、むしろその前年に出た『新エロイーズ』という恋愛小説が、18世紀フランス最大のベストセラーと言われるぐらい、爆発的に売れたんですよ。

**古市**　人気恋愛小説作家でもあったんですね。

**東**　あとは『社会契約論』と同年に出版された『エミール』という教育論も話題になりました。宗教を批判する内容が入っていたためにカトリックの逆鱗に触れ、パリから追われてしまう。当時のルソーは『新エロイーズ』や『エミール』の書き手として有名で、『社会契約論』はその陰に隠れていたと思います。

**古市**　じゃあ、『社会契約論』はルソーが亡くなった後に注目された本なんですね。

**東**　そう思います。「人民が人民と契約することによって主権を生み出す」という謎めいたロジックが、フランス革命以降、近代民主主義の基本理論として再評価されていくわけです。だから、じつは近代民主主義自体が謎めいているわけです。僕たちは主権者に従っているけれど、主権者は自分たちだということになっている。つまり、「自分たちで自分たちを統治する」のが近代民主主義の理念ですが、これはかなりアクロバティックな議論なんですよ。

**古市**　社会契約によって一般意志が立ち上がるとのことですが、一般意志なんてほんとうにあるんですか。

**東**　だから不思議なんですよ。ルソーは、一般意志は存在すると言うわけです。一般意志をもとに政治をするんだから、政治が市民を抑圧しているように見えたとしても、ほんとうは市民の一般意志に従っているのであって抑圧ではない、というロジックになる。ただ、古市さんが言うように、一般意志は目に見えるようなモノとしてはどう考えても存在しないはずです。

**古市**　ルソーがSF的につくってしまった概念？

**東**　そうも言えますね。ルソーは「自分たちで自分たちを統治する」という自己循環を肯定するために、一般意志という概念を作ったんです。これは大事なことで、たとえば世論調査やビッグデータは一般意志と近いように見えるので、ビッグデータを持ってくれば政治解決みたいに思えてしまう。だけど、そもそも一般意志という概念自体が、自分で自分を統治するというフィクションをうまく回すための人工的な概念であることを知っておかないと、概念に踊らされちゃうんですね。

## ルソーは近代を体現している

**古市**　ルソーは、なぜそのフィクションを必要としたんですか。

**東**　それはもっと深い話になります。ルソーは近代民主主義だけでなく、教育論やロマン主義文学など、近代を体現している多面性を持った人です。その点からいうと、自分で自分を統治することは、神なき時代を生きる近代人のミッションそのものなんですよ。

**古市**　神を持ち出さない思想が必要とされたわけですね。

**東**　神がいない、すなわち外からの倫理がない状態で、自然の欲求だけに従いながら、しかし道徳的に自分を高めていくにはどうしたらいいかという問いをずっとルソーは考えていた。ルソーはさまざまな著作で「自然に従え」とくりかえしています。これは自然礼賛のように聞こえるけれど、他方で自然に従っていると人間はダメになるとも言っているんです。だから、ルソーにとって自然とは何かというのも大きな謎なんですね。

**古市**　教科書にも「自然にかえれ」という言葉が載っています。

**東**　ルソーは合理性や文明がすばらしいとは考えていない。かといって、自然に従っていたら動物と同じになってしまう。じゃあどうするかという問いに対して、自分たちが自分

**東**　『社会契約論』には「立法者」という概念が登場します。ルソーのいう立法者とは、一般意志をつかんで、それを現実の政策や制度として具体化できる超人間的な人間なんですね。これもふつうに読むと、独裁肯定ですよ。ロベスピエールは、当然自分が立法者だと思って、どんどん政敵をギロチンに送っていた。そういう意味で、ルソーの『社会契約論』は、実際の政治にも強い影響を与えていました。

**古市**　ルソーは政治体制については、どう考えていたんですか。

**東**　ルソーの考えでは、一般意志をちゃんと実現する統治システムであればなんでもいいんです。統治者が少数であれば貴族制だし、ひとりなら王制になる。多数ならば民主制だけど、多数だと議論がややこしくなって一般意志をうまくつかむことができないから、やめておいたほうがいいみたいに読めるんです。

**古市**　にもかかわらず、民主主義の基礎をつくった思想とされるところにねじれを感じますね。

**東**　極端な言いかたになりますが、『社会契約論』は今の中国の統治にすごく合ってるようにも解釈できます。テクノロジーによってビッグデータを吸い出し、民の幸せを実現するために一党独裁で統治する。これは『社会契約論』そのままです。

**古市**　確かに監視国家とも親和性が高そうな考え方ですね。

**東**　民主主義について、議論が大切だという話になるけれど、そもそもルソーは熟議なんてまったく必要だと思っていません。むしろ、話し合ってもろくなことはないみたいなことを言っている。ルソーが考える一般意志は、みんな黙って自分のことだけを考える。そうすると、なぜかどこかにぼんやりと一般意志が現れるという議論になっています。

**古市**　みんなが政治に興味をもったり、話し合ったりしなくていい？

**東**　ルソーはそう言っています。熟議民主主義が重要だと主張する人は、熟議によって意見や選好が変わることに価値があると考えるわけです。ところがルソーの考えでは、意見や選好が変わるのはむしろよくない。みんなが自分のことだけを考えるからこそ一般意志は現れる。だから、いわゆる熟議民主主義とルソーの『社会契約論』はじつはたいへん折り合いが悪いわけです。そこもルソーのおもしろいところです。

## ルソーが現代社会を見たら？

**古市**　ルソーが現代のヨーロッパを見たら、自分が構想したような国家なり社会が実現されていると思うんでしょうか。

**東**　多分、全然違うと思うでしょうね。ルソーはとても夢想的な人です。ルソーが考えて時代を生きているからですか。

**東**　そうじゃないかな。誇大妄想や被害妄想を抱えてしまうような弱い自我を持つと同時に、しかし自分の中の真実を言わなきゃいけないというアンバランスさが、近代の人間の特徴であって、ルソーはそれを極度に凝縮した人でもあるわけです。社交界みたいな場所で立派に振る舞うことはできない。でも、自分の中に真実の愛や真実の正義みたいなものはある。ただ、それを人にわかってもらえない。自分は攻撃されているとか、誤解されていると思いこみがちな人なんですね。こういう態度は現在のネットによく現れているけれど、その起源に位置するのがルソーだから、ルソーがやらかしていることは、現代の感覚でもよくわかるんです。

## 民主主義のゆくえ

**古市**　ルソーから離れますが、現在の民主主義は、21世紀中ぐらいは残ると思いますか。それとももっと早く終わってしまうと思いますか。

**東**　民主主義をどう理解するかの問題です。僕たちの社会は、今後ますますテクノロジーによってサポートされる社会になっていきます。おそらく選挙のあり方も、今世紀中には変わっていくでしょうけど、それ以上に、人々の生活データを行政がもっと把握していくようになるでしょう。だから、統治の根拠が選挙だけでなく、日常生活のビッグデータにもとづくように変わっていくと思うんです。

**古市**　効率的で便利な社会になる一方で、選挙の重要性は薄れる。

**東**　そのときに、何をもって民主主義と考えるか。これまでの議会制民主主義は、要するに立法府の問題でした。選挙の話も結局、立法府の話です。けれども、これからは立法よりも行政のほうがずっと重要になっていく。行政は選挙からあるていど独立して機能するものであって、そこで行政が民意を拾い上げる方法として、選挙とはまったく別の、さまざまなテクノロジーがこれから整備されていくわけです。

**古市**　その時、国民はどうやって国家との接点を持つのでしょう。

**東**　僕たちの社会をどうコントロールするかという問題においては、議会よりも行政について議論することが重要になってきます。行政の暴走をどう監視するか、行政と市民社会の距離をどう近づけるか、もしくはどう遠ざけるかといった問題のほうが、これからの時代では大事になってくる。結果的に、議会の議論や選挙の話は、民主主義の問題として後景に退く可能性もある。実際、今の日本でさえそうなってきていると思うんですよね。

**古市**　１票で社会が変わるかどうかわからない、という若い人の感覚は、直感としては合っているのかも知れないですね。

**東**　むろん1票でも変わるかもしれないけど、社会の変え方はほかにもいろいろあるということです。いまでも、NPOや社会的起業の人たちは、行政府に直接パイプを作ることによって、社会を変えようとしていますよね。もしくは、市場の中で新しいサービスを提供することで社会を変えようとしている。選挙を経由せずとも、社会を変える経路はいろいろあるわけです。

**古市**　現実はもう変わり始めている。

**東**　ところが政治思想は、19世紀からずっと代議制民主主義が大事だとばかり言い続けてきた。反面、行政や統治の問題はあまり議論されてこなかった。でも、いま政治や社会について考えるなら、統治や行政の部分が大切で、選挙中心の民主主義論ばかり続けるのはあまり筋がいい議論ではないように思います。

**古市**　そういう時代には、ルソーは読まれなくなっていくんでしょうか。

**東**　そんなこともないですよ。「自分たちで自分を統治するとは何か」という問題がルソーの中心だから、議会制民主主義よりもっと基礎にある話をしているわけです。この問いは、これからも残り続けていくでしょう。そして、そういう発想を世界で最初にわかりやすい形で示した『社会契約論』の重要性は、これからも失われることはないと思います。

第6回

# ニーチェ『ツァラトゥストラ』


**竹《たけ》田《だ》青《せい》嗣《じ》**

哲学者。1947年生まれ、大阪府出身。在日韓国人二世。早稲田大学政治経済学部卒業。早稲田大学名誉教授。大学院大学至善館教授。著書に『現象学入門』『ハイデガー入門』『ニーチェ入門』『哲学とは何か』『欲望論』など。


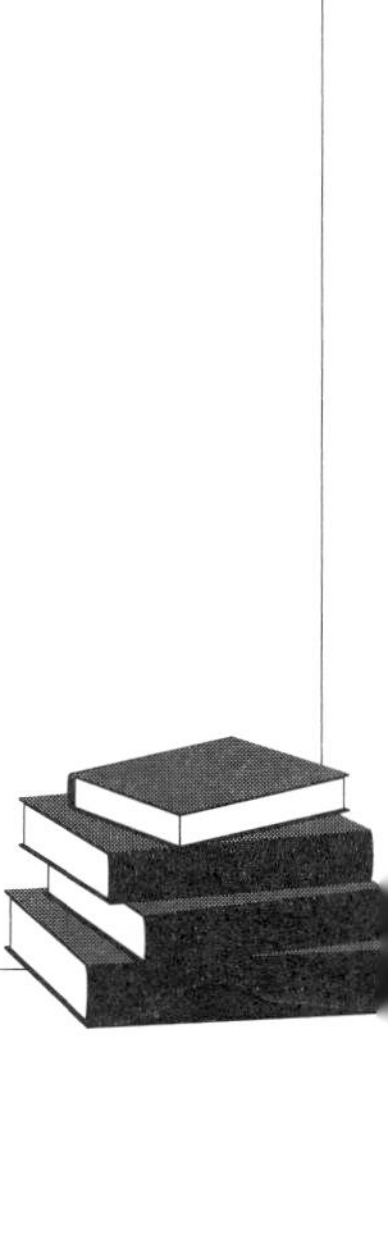

## 『ツァラトゥストラ』の基礎知識　斎藤哲也

『ツァラトゥストラ』は、ドイツの哲学者フリードリヒ・ヴィルヘルム・ニーチェ（1844～1900）の代表作として知られる哲学的な物語である。1883年から1885年にかけて、第1～4部が出版された。

ツァラトゥストラとは、古代ペルシアの宗教家でありゾロアスター教の開祖とされるゾロアスターのドイツ語読みであるが、ゾロアスター教と内容的な関係はない。ただし、キリスト教的な道徳を痛烈に批判するニーチェであるから、キリスト教の教えではないという意図は込められているかもしれない。実際、『ツァラトゥストラ』は聖書のパロディとも評される。

主人公のツァラトゥストラは、30歳で故郷を捨て山の洞窟に籠《こ》もったのち、自らの蓄えた知恵を人々に分け与えようと決意し、下界におりて人々の前でさまざまな説教を続ける。以降、山と下界を行ったり来たりしながら説教をくりかえし、自らの思想を彫琢《ちょうたく》していく。

『ツァラトゥストラ』には物語仕立てでさまざまなモチーフや教訓が詰め込まれてい

るが、主要なテーマは「超人」と「永遠回帰」という二つの概念である。

第1部でツァラトゥストラは「人間は、動物と超人との間に張り渡された一本の綱なのだ」と人々に語る。怨みや嫉妬に根ざす復讐心を意味するルサンチマンや、生きる意味を見失うニヒリズムに陥らずに、自己変革を続けなければならない。ツァラトゥストラもまた、絶えず自己変革を追求していく超人をめざす人物として造形されている。

後半の第3、4部で語られる永遠回帰とは、宇宙が同じ状態を何度もくりかえすことをいう。作中には「これが生きることだったのか、じゃあもう一度」という趣旨の言葉が何度も登場し、人生の苦しいことや辛いことが何度も繰り返すことを肯定できるかと突きつける。ツァラトゥストラも、それをなかなか受け入れることができずに苦悩するが、やがてその真意を体得することになるだろう。

出版当時は鳴かず飛ばずで、第4部にいたっては自費出版で40部を印刷し、友人に配るだけ。にもかかわらず、『ツァラトゥストラ』は、神が死んだ時代を生きる思想書として現在まで読み継がれてきた。ニーチェは、自著『この人を見よ』のなかで『ツァラトゥストラ』を「かつて人類に贈られた贈り物のなかでの、最大の贈り物」と自負したのもうなずける。

## 『ツァラトゥストラ』のストーリーはたいして重要じゃない

**古市**　ニーチェは有名な哲学者なので、入門書や解説書もたくさん出ています。名前だけは知っている人もたくさんいるのではないでしょうか。でも、原典まで読んでいる人は意外と少ない気がします。そこで今日は、ニーチェの代表作とされる『ツァラトゥストラ』について教えてもらいたいんです。

**竹田**　『ツァラトゥストラ』は非常に読みにくい本です。私も20代で読んだときは、何を言ってるんだかさっぱりわからなかった。

**古市**　竹田さんでもそうだったんですか？　それを聞いて少し安心しました。そもそも『ツァラトゥストラ』ってどういう作品なんでしょう。

**竹田**　賢人ツァラトゥストラを主人公とした小説形式の作品です。物語は、10年間山に籠もって知恵をためたツァラトゥストラが下界におりて人々に説教する場面から始まります。しかし、人々の無理解に絶望して山に戻って、その後また町に出ていく。ただ、はっきりいうとストーリーはたいして重要ではないんです。

**古市**　じゃあなぜ、わざわざ小説仕立てで書いたんですか？

竹田　「聖書」に対抗するためですね。「ツァラトゥストラ」は、ゾロアスター教の教祖ゾロアスターをドイツ語で読んだものですが、内容的にはゾロアスター教とは関係ありません。キリスト教に対抗するために名前を借りているだけ。

## キリスト教的価値観を撃破

古市　『ツァラトゥストラ』を読むにあたって、あらかじめ知っておいたほうがいいことってありますか？

竹田　ニーチェは、「清く正しく美しく」というキリスト教的な価値観を徹底的に批判したという点は押さえておいたほうがいいでしょう。ニーチェに言わせると、近代哲学もこのキリスト教的な人間の理想像を基礎にしている。だから近代哲学にも容赦なく批判を浴びせるんです。

古市　「清く正しく美しく」生きることは、ふつうはいいこととされますよね。

竹田　そう。かつては善悪の一般的基準だった。ニーチェは、私たちが当たり前に受け入れている道徳の枠組みがいかにして作られ、どこに落とし穴があるかということを鋭く指摘するわけです。私は、高校大学の頃は結構真面目人間で生きていたので、はじめニーチェを読んだときはショックを受けました。

**古市**　竹田さんはどこにニーチェの凄みを感じましたか？

**竹田**　まず、ヨーロッパの近代的な世界観をすべてチャラにした点です。近代の哲学では、いろんな哲学者がそれぞれの世界像を立てて、これこそが真の世界と論じてきました。ところがニーチェは、世界の真理なんてものは一切ないことを喝破し、近代哲学の大前提をすべて間違っていると言った。これは哲学的にはとてつもなく大きな転回です。

**古市**　もしも世界に真理がなくて、キリスト教が説くような道徳も意味がないとするならば、人それぞれ勝手に生きればいいことになりませんか。

**竹田**　たしかにニーチェの哲学は、相対主義的な考え方として受け入れられた側面があります。でも、むしろそこではなく、ニーチェは「価値の哲学」をもう一度創り直そうとした。ここが本領です。

近代の哲学は、認識の正当性をお互いに主張することにかまけていて、真善美《しんぜんび》といった価値に関する議論はほとんどない。ニーチェは明確にそれをやろうとしたけれど、40歳を過ぎたころには心身の調子を崩してしまったので完成できなかった。私は、21世紀の哲学者として、ニーチェの価値の哲学を継承したいと思って哲学をしているんです。

**古市**　たしかに、世の中に文句を言ったところで、すぐに自分の人生が変わるわけじゃないですからね。運動家には怒られそうですけど。

**竹田**　それがこじれると、自分より下に見える人間に高慢になったり、自分よりましだと思うと反感をもちたくなる。ただニーチェに言わせれば、ルサンチマンもまた大きなエロスなんです。つまり自分自身で生きるエロスを創り出せないと、別の回路でエロスを満たそうとしてしまう。

**古市**　なるほど。世界や社会を呪うことで満たされたと思い込んでしまうんですね。

**竹田**　「永遠回帰」というのは、この末人の道から脱出するための「聖なる虚言」なんです。人間は、不幸を生きるとき、どうしても、ああでなければよかったのに、とか、世界はこうあるべきだという思考にはまる。しかし同じ世界が永遠に続くだけだとしたら、それで一度きりの生を肯定できるかどうか、自分でよく考えろ、というのがニーチェのメッセージです。

## 現代にニーチェがいたら

**古市**　自己肯定という点では、自己啓発に近い面もありますよね。実際、十年ほど前に

『超訳　ニーチェの言葉』という本がベストセラーになりました。

**竹田**　それはあると思います。ラ・ロシュフコーの『箴言集《しんげん》』ってありますよね。この本は要するに、「人間はあれこれいろんな綺麗なことを言ってるけども、結局自己愛というものからすべて出ていると思いませんか？」ということを、気の利いたアフォリズム（簡潔な言葉）で言っている。

『ツァラトゥストラ』も、いわばそういうアフォリズムの集まりと考えてよい。しかし中身は、結局すべては自己愛だ、といった浅薄な思想とは反対です。人間は、失恋したり、人に恨みを抱いたり、友達に裏切られたり、いろんな人生経験をする。そのとき、どう考えるべきか。読むほどに、人間の生に対するニーチェの洞察の深さが滲んでくる。

**古市**　ルサンチマンのある人の方が入っていきやすいということですか？

**竹田**　ルサンチマンのある人が読むと、最初は自分がすごく攻撃されているように感じるでしょうね。でもその真意がつかめてくると、ちがう感覚になる。人間の心のありようのいろんな側面の真実をついたアフォリズムに、合点がいくようになってくると思います。

**古市**　ニーチェの言葉を名言集のように覚えることで、ただの知ったかぶりになる危険性はないですか。

**竹田**　それは大いにあります。ちょっと賢い人が、人を蔑視したり、自分を持ち上げたりするのに都合のいい文章もたくさんあるから。力とか能力とかが大事だし、ルサンチマンなんかで生きているやつはダメだよね、と言いたくさせる。だから、俺は普通のやつらとは違うぞというような才子が読むと、そのまま末人になる危険がある（笑）。でも私自身は、ニーチェの思想は、不遇な人間、苦しみを生きる人間に対する深い智恵、として読まないと値打ちがないと思います。『ツァラトゥストラ』はもちろん一つの哲学ですが、そういうことが文学的にも優れた言葉で表現されている。

**古市**　もし現代にニーチェがいたとしたら、仕事もうまくいってなくて、自分が負け組だと思っている人に対して、どういう言葉をかけると思いますか？

**竹田**　「末人の道は楽じゃないよ」だと思います。ルサンチマンのエロスが一時的にあるのでいいんですが、一回限りの自分の生が終わりに近づくにつれて、末人は救いようがなくなってくる。だんだんそれが見えてくる。ルサンチマンであがいているうちに、もうバスは崖から落ちて終わりになる。どうやってそんな自分の生を肯定できるか、まだ考える道はあるよ、と言うでしょうね。

　ただ、これを私なんかが言ってもあまりリアリティがないですね。私は自分の好きなことを仕事にしてそれなりに見返りを得て生きている。でも挫折の連続だったニーチェの言葉として読めば、かなりリアリティがあります。

## ニヒリズムをどう克服するか

**古市**　もしも同時代に生きていたら、竹田さんとニーチェは友達になれたと思いますか？

**竹田**　それはどうかなぁ（笑）。すごく心酔していても、性格があまり合わないということもあるでしょうね。ニーチェの評伝などを読むと、けっこう気難しくて付き合いにくいタイプですし。私が尊敬するもうひとりの哲学者であるルソーも、けっこう困った人間だったようです。

**古市**　竹田さん自身がニーチェに感銘を受けたのは、どういうタイミングだったんですか。

**竹田**　一言で言うと、世界に対する目的を完全に失ってニヒリズムに陥った時です。大学を卒業してから後、6～7年くらいの間です。私は団塊の世代で、学生の頃は「革命の可能性」の夢を見ていたんです。

**古市**　学生運動の時代ですね。目指していたのは社会主義的な革命ですか。

**竹田**　そうです。自分が革命家にならなくても、この社会はひょっとして革命に近づいていくのではないか、自分も少しはそれに貢献できないだろうか、とか。そんなことを考えていた。しかしそのうちに、社会主義国家のいろんな矛盾が出てきて、連合赤軍事件も起

第7回

# ヒトラー『わが闘争』

佐《さ》藤《とう》卓《たく》己《み》

歴史学者、社会学者。１９６０年生まれ、広島県出身。京都大学大学院教授。専攻はメディア史、大衆文化論。２０２０年にメディア史研究者として紫綬褒章を受章。近著に『流言のメディア史』『大衆宣伝の神話――マルクスからヒトラーへのメディア史』『メディア論の名著30』など。

## 『わが闘争』の読みどころ

**古市**　ヒトラーの『わが闘争』は、名前だけは知っている人は多いけれど、読み通した人はあまりいないと思います。今日は、大衆宣伝に関するメディア研究を専門としている佐藤さんに『わが闘争』の読みどころを教えてほしいと思って、対談をお願いしました。

**佐藤**　『わが闘争』は「名著」というより「迷著」といったほうが適切かもしれませんね。ただ、「世界を動かした一冊」であることはたしかです。

**古市**　迷著！　そもそも『わが闘争』って読みやすい本なんですか。

**佐藤**　読みやすいとはいえないでしょうね。『わが闘争』は、角川文庫の日本語訳では上巻・下巻として出ていて、それが原書では第1巻、第2巻にあたります。第1巻には、自伝的な章や第一次世界大戦の章、ドイツの国内政治を語った章がありますが、このあたりはある程度ドイツ史の知識がないと、なかなかついていけません。ナチ党の思想や外交戦略を主題にした第2巻は第1巻以上にとっつきにくい。

**古市**　いきなり心が折れそうなことを……。

**佐藤**　私がもし学生に「ヒトラーの『わが闘争』をどう読んだらよいですか？」と聞かれ

たら、まず第1巻序言の次の一節を読ませます。「人を説得しうるのは書かれた言葉によるよりも、話された言葉によるものであり、この世の偉大な運動はいずれも偉大な文筆家にでなく、偉大な演説家にその進展のおかげをこうむっている、ということを私は知っている」。今風に身も蓋もなく言ってしまえば、書物よりもテレビの影響力が強いという話です。

**古市** 冒頭からインテリの怒りそうなことが書いてあるんですね。

**佐藤** それから第1巻なら第6章「戦時宣伝」、第12章「国家社会主義ドイツ労働者党の最初の発展時代」、第2巻なら第6章「初期の闘争――演説の重要性」、第11章「宣伝と組織」ですかね。これは現代でもプロパガンダを真剣に考えようとする場合には役に立つ知見が入っているし、面白い部分だと思います。

**古市** いまお勧めしていただいた章には、具体的にどういうことが書かれているんですか。

**佐藤** さきほどの序言の言葉とも関係するけれど、いわゆる知識人にしか伝わらない書物での理性的な説得よりも、感情的なアジテーションの方が何倍も多くの大衆に訴えることが可能なのだ、というわけですね。そういうナチ党のプロパガンダは大衆を相手にして、インテリを相手にしないがゆえに民主的なものであるという大衆社会の哲学が赤裸々に語られています。こうした大衆心理の理解は、当時の社会心理学ですでに知られていましたが、政治家がそれを堂々と語っていることがこの本の独特なところです。そして、メディアの影響力の大小が重要なのであって、それに比べればメッセージの内容が真か偽かはほとんど重要ではないというヒトラーのプロパガンダ観は、今日に至るメディア社会の基本的な枠組みを示しているとも言えそうですね。

## ヒトラーのプロパガンダはなぜ成功したのか

**古市**　実際のところ、ヒトラーの演説やプロパガンダはどのくらい上手だったんですか。この本に書かれていることをそのまま実践しているんでしょうか。

**佐藤**　それは面白い問題です。「大衆は信じやすくて、ものを考えたりしないんです」とはっきり言ったうえで、なぜ大衆の支持が得られたのか。それはプロパガンダの上手さだけの問題ではないでしょうね。あまり注目されないけれど、この本でヒトラーが教育について語っている箇所があり、それがヒトラーが支持された理由になっていると思います。

**古市**　ヒトラーの教育論、あまり意識したことがありませんでした。

**佐藤**　当時のドイツは現在以上に格差社会だったから、大学に行けるのは、親が官僚、高級軍人、ブルジョワジーであるような一部の人間だけでした。ヒトラー自身も中学を卒業していません。そういう状況で、この本は政治家や官僚、弁護士などインテリに対する批判の書にもなっていて、貧しくても能力のある人間に国家は高等教育を開いていかなければいけないとはっきり言ってるわけですね。

**古市**　その点だけを切り取れば、最近の本に書かれていてもおかしくないですね。

**佐藤**　たとえば、こう言っています。「実際何十万というきわめて素質のあるものが高等教育をうけることができないのに、幾十万のまったく才能のない人間が毎年高等教育を受ける価値があると考えることは、我慢ならないのだ。そのために国民がこうむる損失は、はかりがたい。最近数十年間に重要な発明という富が、特に北アメリカで非常に増加したが、これは北アメリカではけっきょく最下層のものでも本質的に才能があれば高等教育を受ける可能性が、ヨーロッパの場合よりも、多かったということによっている」（第2巻第2章「国家」）。ヒトラーが生きた第二帝政からワイマール共和国期のドイツは、学歴、あるいは「教養と財産」がなければ出世ができない階級社会でした。だからナチ党は、いかなる階層から出た者であろうと、完全に能力に応じた機会を与えることを課題としているんだというのです。

**古市**　階級社会への批判という点においては、今でも通じる議論ですね。

**佐藤**　それから、これは私が教わった野田宣雄《のぶお》先生がずっと研究されていたことだけど、宗教問題についても多くを語っています。キリスト教会を敵視していますが、その一方でカトリック教会をナチズムの組織モデルとして考察しているんです。たとえば、カトリックはミサで歌をうたうなど、身体的なメディアで宣伝していることをヒトラーは高く評価している。あるいは、カトリックの神父が妻帯しない理由も組織論的に説明しています。つまり、自分の子供を後継者にさせないためだと。神父が結婚しなければ、信徒の中で有能な子供を自分の後継者に引き上げる可能性が生まれる。だから有能な司祭が生まれ、信仰運動の先頭に立つことができるのだと。

こんなふうに、当時のドイツ社会で大衆が抱えていた不満を解消するようなメッセージが『わが闘争』の中にあったことは否定できないでしょうね。

**古市**　ナチス以前のドイツで、ヒトラーのようなプロパガンダはなかったんですか。

**佐藤**　ワイマール期に政権を取った社会民主党の躍進も、じつはナチ党と同じ説明ができるんです。ナチ党が学歴のない人間の政治的野心を吸収して発展していったのと同じように、社会民主党は、労働者階級の中でそれまでだと高い地位につけない人間が巨大な組織に入ることで、政治的に上昇するルートを確立していきました。そのメカニズムを見ると、党のプロパガンダを行う機関紙、つまり新聞という教育メディアを組織していくことが、社会主義運動の基本的なスタイルになっています。

**古市**　当時の政党にとっても、メディア戦略が重要だったわけですね。

**佐藤**　その意味で『わが闘争』の読みどころの一つは、社会主義運動や労働者政党をさんざん罵倒したヒトラーが、社会民主党のプロパガンダについては非常に優れているという洞察を披露しているところにあります。ヒトラーの見るところでは、ブルジョア政党のプロパガンダよりも社会民主党のプロパガンダの方が優れている。それは書斎でモノを書いて新聞に載せることと、大衆集会で演説してそれを紙面に載せること、両者の違いをはっきり書いているわけです。

**古市**　ヒトラーが認めるくらい、社会民主党のプロパガンダが優れていたのなら、そのまま人気を維持できなかったんですか？

**佐藤**　社会民主党は政権を取るようになっていくプロセスで、インテリがたくさん入ってくるんですね。大卒の社会主義者もたくさん入ってきて、党の理論家の多くは大卒のインテリになっていく。ヒトラーがナチ党もそうなることを警戒していたのはまちがいありません。だから、論理的にモノを考える人間を説得することなど考えず、『わが闘争』を含め本など読まない9割の大衆を惹きつけるプロパガンダを徹底的にやったんです。

い。ヒトラーはそういう生活をしているんですね。

**古市**　「書かれた言葉」の限界を指摘しながら、自身は「書かれた言葉」を熱心に読んでいたわけですか。

**佐藤**　この著者に言わせると、ヒトラーは学歴がないことがコンプレックスだったから、それを本による知識で補って知的に武装する。軍人は軍の実務をやっているから、軍事思想書とか戦争史の本とかあまり読んでいないじゃないですか。読書量では全然ヒトラーに敵わない。だから、議論すると負けちゃうんですね。それは不幸といえば不幸であって、ヒトラーの机上の空論が実際の戦略戦術を動かしてしまうわけです。だからこそ普通の軍人なら躊躇するような初期の電撃戦など、成功したときもあったけれど、思いつきに振り回されるような戦争指導になってしまったわけです。

## 現在の日本とナチス前夜は似ているか

**古市**　本の話からは逸れますが、「ナチスが政権を取る前、戦間期のワイマール共和国と現在の日本は似ている」という議論がありますよね。この点についてどう思われますか。

**佐藤**　私は、あまりリアリティを感じないんです。圧倒的に戦前のドイツや日本って貧しかったんです。現代の貧困も問題ではありますが、他者と比較しての相対的な貧困が多いわけです。しかし戦前は広範囲に絶対的な貧困があった。ワイマール末期に600万人の失業者を生み出した世界恐慌が起きなければ、おそらくナチ党が政権を取ることはなかったわけです。逆に言えば、当時のように失うものを持たない人が大量に生み出されれば、そうした危険な選択を人々がするということは、今の社会でもありうると思いますね。

**古市** 日本でも危機の時代には、国家社会主義のようなものを求める主張が現れやすくなる気がします。たとえば新型コロナウイルスの流行が始まった2020年初頭にも、そうした議論を耳にしました。こうした動向はどのようにご覧になっていましたか。

**佐藤** コロナの話の前に、まず「国家社会主義」という用語について説明します。角川文庫の翻訳では、一貫して「国家社会主義」と書いてますが、ドイツ史研究者は「国民社会主義」としか言わないんですよ。

**古市** そうなんですね。

**佐藤** 「国家社会主義」というのは、たとえばスターリンの一国社会主義のことであって、ソーシャルナショナリズムの場合はあくまでも「国民社会主義」と言うべきです。それは『わが闘争』の次の文章からも明らかです。「大衆の国民化はけっして中途半端や、いわゆる客観的立場での弱々しい強調ぐらいでは起るものではなく、とにかく追求しようと思った目標に向かって容赦のない態度、熱狂的に一方的な態度をとることによって可能となるものである」。

**古市**　その前後では、ドイツ再建のためには、勝手気ままな「大衆」をいかに「国民」として教育していく必要があるか、という趣旨のことが述べられていますね。

**佐藤**　いまだに多くの独和辞典も含めて「国家社会主義」と訳しているものも見かけるけど、国家社会主義ではヒトラーは政権を取れなかった。「国民社会主義」、つまり国民主権をエリートから取り戻すということを高らかに言ったからこそ支持されたんですね。

**古市**　あくまでも主役は「国家」ではなく「国民」なんですね。

**佐藤**　それをふまえて言うと、たしかにコロナの危機は国民主義的なムードを作ったと思うんです。典型的なのが国境封鎖をして、外国人は国に入れなくした。さらに言えば、毎日テレビで放送している新型コロナ新規発症者数の日本地図は、天気予報と同じように、国土を視覚化することで国民主義を維持する装置になっていると思います。コロナ感染の地図は、国境よりも県境を示す地図といったほうが適切ですね。

**古市**　確かに「岡山に来たことを後悔するようになればいい」という趣旨の発言をした県知事もいましたし、日々の感染者数も都道府県別で発表されています。

**佐藤**　その意味では、ナショナリズムよりももっと内向きな心の地図を作りだして、社会

代」、つまり「真実の時代」なんです。

**古市**　国家が認めた「真実」しか許されなかったということですね。

**佐藤**　逆に言うと、ソビエト体制やナチ第三帝国、戦前の大日本帝国が生み出した「真実の時代」の怖さに対して鈍感になっているから、「ポスト・トゥルース」が怖いと言えるんじゃないでしょうか。私は、「ポスト・トゥルースの時代」よりも、「真実の時代」のほうがはるかに嫌な時代だと思っています。それはほとんど神権国家みたいなもので、神の言葉から外れた内容はすべて真実じゃない、異端は全部磔《はりつけ》にしましょうということになりかねないですね。それが嫌なら、あいまいな情報に耐える力をつけていくしかありません。

**古市**　その上で、何か『わが闘争』から学べることはありますか。

**佐藤**　『わが闘争』に有用性がもしあるとすれば、少なくともこの本の中ではあまり「真実」を唱えてはいないことです。たとえば、第一次世界大戦時のイギリスの戦時宣伝は嘘ばかりだったけど、それが嘘だとヒトラーは批判するのではなく、嘘だけどこんなにも効果があった、影響力があった、だから我々は負けたのだと訴えている。この論理の立て方が、メディア論として優れていたと言うことはできるでしょうね。

# 第8回

# カミュ『ペスト』

**佐《さ》々《さ》木《き》匠《たくみ》**

早稲田大学文学学術院フランス語フランス文学コース講師。1983年生まれ、北海道出身。専門分野は20世紀フランス文学。主な論文に「監獄と芸術と不条理――アルベール・カミュにおける語りの場」「アルベール・カミュ作品における孤独と連帯」、訳書に『「探偵小説」の考古学』がある。

# 『ペスト』についての基礎知識

斎藤哲也

アルベール・カミュ（1913〜1960）は、20世紀のフランス文学を代表する作家。第二次世界大戦中に発表された『異邦人』『シーシュポスの神話』などの作品で、人間の不条理を描き独自の実存主義を打ち出した。『異邦人』と並んで代表作とされる『ペスト』は、戦後間もない1947年に刊行された。

舞台は、アルジェリアのオラン市。ある朝、医師のリウーが数匹の鼠《ねずみ》の死体を発見する。まもなく奇妙な病気で死ぬ人々が急増し、それがペストによるものであることが発覚する。やがて市は封鎖され、人々は孤立した生活を余儀なくされる。

ペスト禍に対処するため、保健隊が組織されるが、感染の勢いは一向に止まらない。全5章のうちの4章後半に入って、ようやく感染は少しずつ収まっていく。

新型コロナの流行が襲った2020年、『ペスト』は突如ベストセラーとなった。病床の不足、後手に回る行政の対応など、コロナウイルスに翻弄される現代社会を予見するかのような描写に驚く人もいたに違いない。

『ペスト』は、ナチス・ドイツ占領下に置かれたフランスの状況を寓話化した作品だと言われている。カミュはレジスタンス運動に参加し、多くの人の死と荒廃を目に焼きつけながら、そこで繰り広げられる人間模様やナチスとの戦いが作品には投影されている。

対談に登場いただいた佐々木匠氏は、「現代の悲劇――アルベール・カミュ『ペスト』に関する一考察」という論考で、『ペスト』に英雄が登場しないことに着目して、次のように述べている。「第二次世界大戦中から書き始められていた『ペスト』は、カミュ自身が戦争を体験することによって、目の前の多くの人の死によって人々の団結がなされるという筋書きが作られる一方で、特別な英雄を必要としない物語となり、その結末も、純粋に悲劇的なものから、人々の連帯という、かすかではあるが、希望を含んだものへと変わっていくことに繋がったのだ」。

論文は無料で公開されている。対談とともに、プロならではの『ペスト』の読み方を堪能されたい。

まいます。さらに、別の病気の療養のために街の外にいた奥さんが亡くなったという知らせも物語の最後に飛び込んでくる。だから、最終的にペストは終息に向かうものの、はたして勝利の物語かどうかはわからないというような終わり方なんですね。

**古市**　コロナが流行している時期の日本では、いったいいつこの騒動が終わるのかという不安に包まれていました。小説ではどのように人々の不安が描かれているんですか。

**佐々木**　最初のうちは、何月何日という日付とともに、死者の数など細かく語られていきます。でも、これはわざとだと思うんですが、だんだん語られなくなっていくんですね。みんな疲れてくるんですよ。死者の数も、「週に何人」が「一日に何人」と変わり、そのうち「大量の」となる。全然数えなくなっちゃうんです。

**古市**　なるほど。人々が疲れていく様子もコロナと似ているかもしれない。

**佐々木**　経済が悪化して、貧しい人たちがより苦しくなっていくのも同じです。それから亡くなった人は土に埋めるんですが、その土地がだんだん少なくなっていく。それで最後は火葬になるんです。こういった描写も詳しく語られているわけじゃないけれど、妙に現実感があります。ただ、みんなカフェに集まったりとか、映画館に行ったりといったことはわりとするんですよ。

**古市**　ステイホームはしないんですね。

## 「ヒロイズム」は存在しない

**古市**　どんなふうに読むと物語に入りやすいんでしょうか。

**佐々木**　少しずつ読むのがいいかな（笑）。あとは、それぞれの人物の変化に気を遣うと、面白いかもしれません。物語の進行とともに、変わっていく人と変わらない人がいるんですね。最初のほうはみんな自分のことばかり考えているけど、だんだんと「自分たちはどうするか」という問題意識を持つようになっていく人がいます。その一方で、全然変わらない人もいるわけです。

**古市**　自主的に協力しあうような行動が出てくるわけですか。

**佐々木**　出てきます。たとえば保健隊というボランティアの組織が作られて、けっこうな人数が集まります。登場人物の一人である新聞記者は、恋人をパリに残してオランに取材に来ていた。だから当初は、非合法な手段を使ってでも街を脱出しようとするんです。でも、街の人たちと一緒に暮らしていくなかで考えを変えて、保健隊に参加するようになる。そういうかたちで、ペストを自分たちの問題として考え、行動するという方向に物語は進んでいきます。

**古市**　いわゆるハリウッド映画みたいに、一人のヒーローが世界を救うという話ではないんですね。

**佐々木**　そうなんですね。カミュは、この物語に「ヒロイズム」というものは存在しないんだということをしつこく強調しています。ヒロイズムの問題ではなくて、みんながそれぞれ、自分でなすべきことをやった。そういう物語だと。だから特定のヒーロー、主人公はいない。仮にいるとしたら、地味に、帳簿をつけていた、縁の下の力持ちみたいな市の職員が、唯一ヒーローと言えます。でもその人物にしても、私たちが想像するようなヒーローではありません。

**古市**　中島みゆきの「地上の星」みたいです。

**佐々木**　その意味では、最初に語り手が伏せられているのも、おそらくその人が主人公だというふうに読んでほしくないからでしょう。さまざまな登場人物がいて、それぞれに思惑があって行動するんです。

**古市**　だから読みにくい部分があるんでしょうね。やっぱり主人公に、なんらかの目的がある話は読みやすいし、感情移入もしやすい。

**佐々木**　『ペスト』の場合、どこに視点を置いていいか、わからなくなるんですよね。語り手が一人称であって、「私」の物語であれば、「私」に目線を重ねればいいと思うんですけど、『ペスト』は全部三人称で、記録の体裁で書かれていくので、そこが読みにくいところでもあるんですね。

## 『ペスト』のもつ普遍性

**古市**　『ペスト』が刊行されたのはいつごろでしたっけ？

**佐々木**　1947年、第二次世界大戦が終わって間もない時代です。

**古市**　なにか実際の出来事を元にしているんですか？

**佐々木**　もともとカミュが『ペスト』の着想を得たのは、第二次世界大戦なんです。戦争でフランスはドイツに占領されてしまった。このとき、カミュはたまたま肺結核の療養でフランスにいたので、レジスタンス運動に参加するんです。そこで経験したさまざまな人間模様、あるいはナチス・ドイツとの戦いの寓話として『ペスト』を書いたんです。

**古市**　カミュが戦争を疫病の物語として描いたことには、どんな意図があった？

**佐々木**　やっぱり、普遍的なものとして読んでもらいたいというのは大きかったと思います。実際、そういうふうに読まれている。物語の状況とピッタリ重なるわけじゃありませんが、東日本大震災のときも、『ペスト』が取り上げられました。つまり、人間が危機的な状況に陥ったときにどうするか、という普遍的な問題を書きたかったんじゃないでしょうか。

**古市**　コロナ流行時の日本や世界の様子と重ねたときに、人間の心理や行動として共通する部分を感じますか。

**佐々木**　それはあります。まず、小説と同じように、国や地域単位で外部を遮断することで、なにかの事情で離ればなれになる人たちが出てくるわけです。入院している人ともなかなか会うことができない。そういう別離の感情は今も変わらないように感じます。

それから占領下のフランスの寓話なので、占領を喜ぶ人がいるように、ペストが流行って喜ぶ人も出てくるわけです。カミュは、そういった人物を、ナチス・ドイツに協力した対独協力者の比喩として描いたらしいんです。あるいは、小説では宗教と病の関係性も描かれます。これは日本ではあまりないかもしれませんが、海外ではあると思うんですよね。

## 神に抗う

**古市**　小説のなかでは、宗教はどう扱われているんですか。

**佐々木**　重要な登場人物として、カトリックの神父が出てきます。この神父は、説教のなかで「すべてを信じるべきか、さもなくばすべてを否定するかであります」と人々に語りかけるんです。彼は悩みながらもすべては神の思し召しだと考え、医者の診察を拒絶して、ペストによる死をそのまま受け入れることを説くわけです。

このへんは微妙な問題で、フランスのカトリック教徒から批判されたんですね。カトリックはそういうものではない、と。ただカミュにとって、死に抗うということは大きなテーマでした。だから来世で救済されるというカトリック的な信仰とは相容れないんです。彼は、来世に飛ぶのではなく、今この世の中で踏ん張ることを考えようとした。『ペスト』の主要な登場人物である医者は、死にずっと抗い続けて格闘する人物として描かれる。その対極として、神にすべてを委ねる神父を登場させたんでしょうね。

**古市** カミュ自身は、医者の方にシンパシーを寄せているわけですね。

**佐々木** そうですね。死をそのまま肯定するような考えには、とうてい与することはできないというのがカミュの考えですから。

**古市** カトリック教徒のほかにも、『ペスト』を批判した人たちはいたんですか。

**佐々木** ロラン・バルトやボーヴォワールなど、当時の知識人からはけっこう叩かれました。カミュは戦争と疫病を一緒くたにしている、と。

**古市** 彼らからすれば、戦争と疫病は違うというわけですね。

**佐々木**　そうだと思います。それまでの文学は、自然主義にせよ象徴主義にせよ、時代描写、人物描写など、詳しく背景が説明されていた。そういう流れのなかで、突如として何も説明がなく、「今日お母さんが死んだ。昨日かもしれないが、わからない」と始まる『異邦人』は衝撃を与えたんでしょうね。

**古市**　不条理小説というと、『変身』で有名なカフカがいますね。カフカとカミュには、なにかつながりがあるんですか。

**佐々木**　カフカはドイツ文学の系統ですが、カミュは大いに影響を受けていると思いますね。ただカフカの場合は、突然虫になるとか、何の罪かわからないけど処刑されてしまうとか、空想的な不条理性を描くのに対して、カミュは同じ不条理でも、現実に起こりうるような問題を描いているという違いはあると思います。『ペスト』にしても、まさにいま似たような状況が起きているわけですし。

## 孤独な者たちの連帯

**古市**　カミュは性格的にどんな人だったと思いますか。

**佐々木**　アルジェリアの生まれなので、さっぱりした人ではあったみたいです。ただ、晩年はちょっと鬱っぽかったと言われてますね。あんまりうまくいかなかったので。

**古市**　うまくいかなかったというのは？　カミュは1957年にノーベル文学賞も受賞していますよね。

**佐々木**　じつはノーベル賞の時は、少し落ちぶれていたんです。その前に、サルトルと大論争を繰り広げたんですよ。たとえばアルジェリアは独立すべきかどうかという議論で、当時の左派知識人からすれば、独立して当然だということになる。だけどカミュは、自分の家族がアルジェリアにいて、そこがテロの現場になったりすることをすごく悲しく思い、フランスの植民地のままでいてほしいという思いが一方にある。それをうまく言えなくて、サルトルたちに叩かれるんですね。

**古市**　文壇的にもサルトルが有利だった？

**佐々木**　圧倒的に有利です。今の目で見ると、カミュに軍配を上げたくなる部分があるんですが、当時はそこを叩かれると、カミュは何も言えなくなり沈黙してしまった。だから文壇にも居場所がなくなってしまって。そういう時期のノーベル賞なので、落ち目のときにもらったという印象はありますね。

**古市**　佐々木さんはカミュのどういうところに惹かれているんですか。

**佐々木**　なんというか、カミュの小説にはどこかに閉じ込められているというイメージが

# 第9回

# 『古事記』

**三浦《みうら》佑之《すけゆき》**

古代文学者。１９４６年生まれ。三重県出身。千葉大学名誉教授。千葉大学教授、立正大学教授などを歴任。『古事記』研究の第一人者。著書に『古事記学者（コジオタ）ノート』『出雲神話論』『神話と歴史叙述』『日本古代文学入門』『「海の民」の日本神話』など。

## 『古事記』の基礎知識

斎藤哲也

『古事記』は現存する日本最古の歴史書である。上・中・下の3巻から成り、上巻には神々の時代が描かれ、中巻は初代天皇カムヤマトイハレビコ［神倭伊波礼毘古］（神武天皇）から第15代ホムダワケ［品陀和気］（応神《おうじん》天皇）まで、下巻は第16代オホサザキ［大雀］（仁徳《にんとく》天皇）から第33代トヨミケカシキヤヒメ［豊御食炊屋比売］（推古《すいこ》天皇）までの事績と系譜が描かれている。

イザナキとイザナミによる国生み、アマテラスがたてこもった天の岩屋、スサノヲによるヤマタノヲロチ退治、稲羽のシロウサギ、海幸山幸《うみさちやまさち》など、私たちが聞きかじったことのある神話の多くは上巻に収録されている。

『古事記』の序文によれば、稗田阿礼《ひえだのあれ》が天武《てんむ》天皇の勅を受けて暗誦した内容を、元明《げんめい》天皇の命令により太安万侶《おおのやすまろ》が編纂して、712（和銅5）年に献上したとされる。だが、今回対談に登場する三浦佑之氏は、この成立過程に異を唱え、独自の説を提示している。

『古事記』は『日本書紀』とよく対比される。『日本書紀』もまた奈良時代に編纂され、720年に完成した。両者は文体に大きな違いがあり、『古事記』は日本語の響きを生かした漢文で書かれているのに対して、『日本書紀』は純粋な漢文で書かれている。内容面でも、「律令国家が自らの根拠を主張するために編んだ日本書紀と、それに抗うかのように古層の語りを主張し続ける古事記」という違いがあると、三浦氏は指摘している（『古事記を読みなおす』ちくま新書）。

両者は後世の受容のされ方も大きく異なる。『日本書紀』は正史として、継続的に写本が作られてきたのに対して、『古事記』は長らく顧みられず、江戸時代の本居宣長《もとおりのりなが》の再発見によって、広く読まれることになった。

## 『古事記』の怪しい「序」

**古市**　『古事記』って、いつ誰が何のために書いたのか、わかっているんですか？

**三浦**　それが一番大きな問題です。

『古事記』は、上、中、下という三つの巻物からできています。上巻は神々の時代のお話です。中巻と下巻は、初代の天皇から33代の天皇までの系譜と、それぞれの治世にどんなことがあったか、という事績が書かれています。

この上巻の冒頭に「序」が付いていて、『古事記』編纂《へんさん》の経緯が書かれているんですね。天武天皇は、国の歴史がバラバラに伝えられていて、このままでは真実がわからなくなってしまうことを懸念した。そこで天皇は正しい歴史を後世に伝えようと決心して、側近で記憶力に長けている稗田阿礼《ひえだのあれ》に正しい歴史を暗記させました。

ところがその後、天武天皇が亡くなり、事業は中断してしまった。放置したままでは、せっかくの天武天皇のプロジェクトも水の泡に帰してしまいます。それを案じた元明天皇が、稗田阿礼が覚えたことを書物のかたちにまとめるように太朝臣安万侶《おおのあそんやすまろ》に命じたのだ、と。とりかかったのは和銅4（711）年9月、完成して天皇に奏上したのは翌5年の正月と時期も書かれているんです。

**古市**　序文にそう書いてあるなら、かなり確かな気がしますよね。

**三浦**　ええ。ほとんどの人はそれを信じています。ところが私は、この序文は嘘だと主張しているんです。だから、いわゆる『古事記』研究者としてはすごく邪道でして(笑)。

**古市**　どのへんが怪しいと思うんですか。

**三浦**　まず、序文が書かれたのも712年ということになっていますが、実際はそこから100年くらい経った後に付けられたのではないか、と考えています。本文については、使われている言葉遣いが非常に古い。だから本文の原型は712年よりも古く、7世紀半ばぐらいに書かれていたと考えたほうが説明がつくんです。

**古市**　『古事記』をあやしむ人は、いままで全然いなかったんですか。

**三浦**　いえ、江戸時代から序文が怪しいとか、『古事記』全体が怪しいという議論はありました。ところが1979年に、奈良県の茶畑のなかで安万侶の墓が発見された。その途端に、学者も社会も舞い上がってしまって、『古事記』は本物だということになったわけです。

| 古事記（%＝原文字数） | 日本書紀 正伝 | 日本書紀 一書(段-第) | 舞台 | 名称 | 備考 |
|---|---|---|---|---|---|
| **A　イザナキとイザナミ　（21%）** | | | 地上／地下 | 国生み神話 | |
| 1. 天地初発・オノゴロ島 | ○ | ○ | | | |
| 2. キ・ミの島生み／神生み | ○ | ○ | | | |
| 3. イザナミの死とイザナキの黄泉国往還 | × | ○（五-6） | | | |
| 4. イザナキの禊ぎと三貴子の誕生 | △ | ○（五-6） | | | |
| **B　アマテラスとスサノヲ　（14%）** | | | 高天原 | 高天原話神 | |
| 1. イザナキの統治命令とスサノヲ追放 | ○ | ○（五-6） | | | |
| 2. スサノヲの昇天とアマテラスの武装 | ○ | ○ | | | |
| 3. ウケヒによる子生み | ○ | ○ | | | |
| 4. スサノヲの乱暴 | ○ | ○（七-2） | | | |
| 5. 天の石屋ごもりと祭儀 | △ | ○ | | | |
| **C　スサノヲとオホナムヂの冒険（16%）** | | | 出雲（古事記神話の43%） | 出雲神話 | 大国主の国作り（出雲神話） |
| 1. 五穀の起源 | × | △（五-11） | | | |
| 2. スサノヲのヲロチ退治 | ○ | ○ | | | |
| 3. スサノヲとクシナダヒメの結婚 | ○ | △ | | | |
| 4. スサノヲの神統譜 | × | △（八-6） | | | 古事記神話の25%　書紀正伝に記載なし |
| 5. オホナムヂと稲羽のシロウサギ | × | × | | | |
| 6. オホナムヂと八十神 | × | × | | | |
| 7. オホナムヂの根の堅州の国訪問 | × | × | | | |
| 8. 葦原の中つ国の統一 | × | × | | | |
| **D　ヤチホコと女たち、国作り　（14%）** | | | | | |
| 1. ヤチホコのヌナガハヒメ求婚 | × | × | | | |
| 2. スセリビメの嫉妬と大団円 | × | × | | | |
| 3. オホクニヌシの神統譜 | × | × | | | |
| 4. オホクニヌシとスクナビコナ | × | ○（八-6） | | | |
| 5. 依り来る神ー御諸山に坐す神 | × | ○（八-6） | | | |
| 6. オホトシ（大年神）の神統譜 | × | × | | | |
| **E　制圧されるオホクニヌシ　（13%）** | | | | 出雲平定神話 | 大国主制圧 |
| 1. アマテラスの地上征服宣言 | △ | △（九-1） | | | |
| 2. アメノホヒの失敗 | ○ | × | | | |
| 3. アメノワカヒコの失敗 | ○ | ○ | | | |
| 4. アヂシキタカヒコネの怒り | ○ | ○（九-1） | | | |
| 5. タケミカヅチの遠征 | ○ | △ | | | |
| 6. ヤヘコトシロヌシの服従 | △ | △（九-1） | | | |
| 7. タケミナカタの州羽への逃走 | × | × | | | |
| 8. オホクニヌシの服属と誓い | △ | △（九-2） | | | |
| **F　地上に降りた天つ神　（22%）** | | | 日向 | 日向神話 | |
| 1. ニニギの誕生と降臨 | ○ | ○ | | | |
| 2. サルタビコとアメノウズメ | × | ○（九-1） | | | |
| 3. コノハナノサクヤビメとイハナガヒメ | × | ○（九-2） | | | |
| 4. コノハナノサクヤビメの火中出産 | ○ | ○（九-2） | | | |
| 5. ウミサチビコとヤマサチビコ | ○ | ○ | | | |
| 6. トヨタマビメの出産 | ○ | ○（十-3） | | | |
| 7. ウガヤフキアヘズの結婚 | ○ | △ | | | |

『古事記』上巻と『日本書紀』巻一・二　構成対照表　（作成＝三浦佑之）

**三浦**　かなり重複していますけど、明確な違いもあるんですね。両者の構成対照表を見てください（右図）。

簡単に『古事記』の上巻、つまり神話部分のあらすじを説明しておきましょう。まず、イザナキとイザナミが結婚して国をつくったという話が最初に登場します。その後、イザナミが先に死んでしまい、イザナキは黄泉《よみ》の国に行って、イザナミを連れ戻そうとするのですが、結局うまくいかずに戻ってくる。そこで死の穢《けが》れを祓《はら》うために禊《みそぎ》をします。そのときに、左の目からアマテラス、右の目からツクヨミ、鼻からスサノヲが生まれました。

**古市**　天皇家の祖先とされるアマテラスはイザナキの左目から生まれたんですね。

**三浦**　そこからは、アマテラスとスサノヲという姉と弟の物語が展開していきます。アマテラスは高天原《たかまのはら》という天空世界を、スサノヲは海原を支配することをイザナキから命じられるのですが、スサノヲがいろいろワガママを言って、追放されるんですね。そこでスサノヲは高天原にいる姉のアマテラスに挨拶に行くのですが、そこでも騒動を起こして、結局、地上へ追いやられます。このスサノヲの子孫であるオホナムヂは、大国主（オホクニヌシ）という地上の王として、出雲で国造りをするのです。

**古市**　『古事記』の「地上編」は出雲から始まるんですね。

**三浦**　やがて高天原にいるアマテラスが、地上の国に目をつけて、自分の息子に支配させようとたくらみ遠征軍を派遣し、何度か失敗した後、ようやく国譲りが決まります。そして最終的には、アマテラスの孫であるニニギが、地上に降りて、国譲りが実現するわけです。

**古市**　ニニギは初代天皇である神武天皇の曽祖父、という設定ですね。

**三浦**　さて、こうした『古事記』上巻では、出雲を舞台とした出雲神話に大きなボリュームが割かれています。ところが『日本書紀』には、この出雲神話にあたるパートがほとんどない。スサノヲの子孫であるオホナムヂの物語が全然ないんですね。

**古市**　ほんとうだ。なぜ、こんな違いがあるんですか。

**三浦**　いろんな解釈が考えられますが、私はこういうふうに読んでいます。『日本書紀』は、国家の正史ですよね。国家の正史にとっては、自分がやっつけた出雲の世界はもう語る必要はない。出雲なんて、征服した田舎の国の一つでしかありませんからね。

それに対して『古事記』は、出雲を語りたいから神話を語っているように読めるのです。実際、『古事記』上巻のうち、4割以上が出雲の神々の話なんです。つまり負けて滅ぼされた側の神々を主体にして描いているのが『古事記』なんじゃないか、というのが私の考えなんです（詳しくは拙著『出雲神話論』をお読みいただきたい）。

## 垂直的世界観と水平的世界観のミックス

**古市**　『古事記』で語られる神話というのは、世界的な神話と似ている部分もありますか。

**三浦**　もちろんあります。たとえばニニギが高天原から降りてくるのは、九州の高千穂《たかちほ》という場所です。この高千穂がどこかというのも、宮崎県北部と、宮崎と鹿児島の境目の霧島連峰とで議論が分かれるんですが、いずれにしても天上の世界から、地上の山にドーンと降りてくる。こういう垂直的な世界観は、朝鮮半島など北方系の王の建国神話と共通しています。だから、神が地上に降り立つ神話は、朝鮮半島経由で北方系の人が持ってきたもので、弥生系の神話だろうと考えられます。

**古市**　ということは縄文系もあるんですか？

**三浦**　その代表が出雲神話です。縄文系は、海の向こうに神の世界があるという水平的な世界観が基調になっています。出雲神話でいえば、稲羽《いなば》の素兎《しろうさぎ》の話や根《ね》の国《くに》の話、日向神話でいえば、海幸山幸《うみさちやまさち》の話は、海の彼方の物語です。ですから、非常に古い縄文系の水平的な世界観と、弥生系の垂直的な世界観が混在しているのが『古事記』の面白いところです。

**古市**　二つの世界観がまじった神話というのは珍しいんですか。

**三浦**　なかなかありません。日本列島はどん詰まりだから、やって来た人がその先には行けない。だからいろんな人がミックスされたし、神話もミックスされたのでしょう。

**古市**　世界の始まりについては、『古事記』は神話のパターンでいえば、どう分類できそうですか。

**三浦**　これは、思想家の丸山眞男《まるやままさお》さんが言い出したことですけれど、彼は世界の創世神話には「つくる」「うむ」「なる」という三つの発想があると指摘しました。

「つくる」は『旧約聖書』の「創世記」にあるように、最初に絶対神が存在して、その神が土をこねて人間をつくったという考え方です。次の「うむ」は、イザナキとイザナミのように、男女が交わって子どもをつくるように、大地や植物をうみだすというものです。

これらに対して、日本の神話には「なる」という考え方が強くあると丸山さんは言います。絶対神がつくるわけでもなく、意図的にうむのでもなく、植物のように自然に何かが生じてくる。この「なる」の神話が、日本の最古層にあると丸山さんは言っています。実際、『古事記』の冒頭は、「天と地がはじめて姿を見せた、その時に、高天の原に成り出た神の御名は、アメノミナカヌシ。つぎにタカミムスヒ、つぎにカムムスヒが成り出た」と始まります。

**古市**　どの神も自然と「成り出た」んですね。

**三浦**　そうです。さらにそれに続く部分を、私は、人間の誕生が語られているところだと考えています。どういう描写かというと、できたばかりの下の国は泥んこの状態だった。そこに初めて「葦牙《あしかび》のごとくに萌えあがってきたものがあって、そのあらわれ出たお方を、ウマシアシカビヒコヂと言う」とあります。

この泥の中からおのずと萌え出たウマシアシカビヒコヂこそ、私は人間の祖先だと思っているんです。

**古市**　人間のルーツは泥の中にあった？

**三浦**　理由を説明しましょう。ウマシアシカビヒコヂのウマシは立派な、アシカビは葦の芽、ヒコは男、ヂは神であることを表します。ですから「立派な葦の男神」という意味です。一方で、この後でイザナキが黄泉の国から逃げ帰る場面では、人間を草として語るくだりがあります。人間は草であるという発想と、「立派な葦の芽の男神」という表現はニュアンスが重なります。古代の人々は、植物の葦の芽を人間の祖先と考えたのでしょう。

さらにその場面では、大きな岩によって、生者の国と死者の国に隔てられたイザナキとイザナミは、岩ごしに会話をするんですね。そこでは、イザナミが、毎日、あなたの国の

えたんでしょうか。

**三浦**　もちろんですね。それがないと、『古事記』を正確に読むことはできなかった。現代の『古事記』解釈も、本居宣長の『古事記伝』が一番基礎になっていることは確かです。ですから思想の問題は別にして、文献を正確に読むという点では本居宣長の功績はきわめて大きいと思います。

**古市**　不幸な読まれ方をされた時代はあったにせよ、現代人が『古事記』を読めるのはラッキーだと考えていいですよね。

**三浦**　そういうことだと思います。600年以上経った写本が名古屋のお寺にあって、それ以外に数少ない中世の宗教家たちが持ち伝えていた。そういう偶然があって『古事記』は残ったし、それを本居宣長が読み解いたから、現代の私たちも読むことができる。『古事記』と『日本書紀』の両方があることは、歴史を考えるうえでも、物語を読むうえでも非常に貴重な財産になっていると思います。二つの歴史書のことや歴史認識などについては、拙著『神話と歴史叙述〔改訂版〕』（講談社学術文庫）を読んでいただけるとありがたいですね。宣伝になりますが（笑）。

**古市**　本好きが読む本なので、どんどん宣伝してください（笑）。三浦さんも含めて、現代語訳の『古事記』もたくさん出ていますけれど、一般の人は現代語で読めばいいですか。

**三浦**　はい。物語の内容であれば、現代語で十分理解できます。いまはいろんな小説家が訳していて、面白い現代語訳も多いですよね。それから漫画もいくつもあります。たとえば、神話の部分だけですが、こうの史代さんの『ぼおるぺん古事記』（平凡社）は大傑作です。

## 『古事記』は多様性のヒント

**古市**　『日本書紀』しか残っていなかったら、日本古代の語り方もだいぶ変わっていたでしょうね。

**三浦**　そうです。『日本書紀』だけだと、日本の神話はとても味気ないし、天皇中心の歴史しか書かれていない。はっきり言って、ちっとも面白くない。私たちが日本の神話を楽しめるのは、『古事記』のおかげだというふうに言えますよね。

**古市**　それにしても『古事記』が書かれた目的は何なんでしょうね。

**三浦**　さまざまな記述が殺された側、滅ぼされた側に視点を置いていることからも、『日本書紀』のように国家支配の正統性を示すためのものではないことは明らかです。かといって、滅ぼされた側の人間が書いたとも思えない。そう考えると、ヤマト王権の周縁にいて、中のことも見えているような宗教的な語り部のなかで、『古事記』の原型はできたんじゃないかと私は思っています。そういう語り部が、悲劇の物語を語り継いだ。それは一つには鎮魂のためじゃないでしょうか。

**古市**　鎮魂の書だとするならば1300年以上も読み継がれたのは興味深いですね。

**三浦**　先ほどもいったように、『古事記』を読むと、北から来た人、南から来た人など、いろんな人たちの発想がまじりあっていることがわかります。この国は決して均質ではなく、多様な人や発想がミックスしてできあがった。『古事記』はそういった日本列島、日本人の多様性に気づかせてくれる書物でもあります。

**古市**　しかもまだわからないことがたくさんあるから、想像力が刺激されます。

**三浦**　読むと余計にわかんないことが増えるし、それが面白いんですね。古典の名著には、みんなそういうところがあります。だから勝手なことが言えるわけですし(笑)。

第10回

# マーガレット・ミッチェル『風と共に去りぬ』

鴻《こうの》巣《す》友《ゆ》季《き》子《こ》

翻訳家、文芸評論家。1963年生まれ、東京都出身。訳書に『風と共に去りぬ』の他、エミリー・ブロンテ『嵐が丘』、ヴァージニア・ウルフ『灯台へ』、J・M・クッツェー『恥辱』『イエスの幼子時代』、マーガレット・アトウッド『昏き目の暗殺者』『ペネロピアド』『獄中シェイクスピア劇団』『誓願』など多数。著書に『熟成する物語たち』『全身翻訳家』『翻訳ってなんだろう？　あの名作を訳してみる』など。

## 『風と共に去りぬ』の基礎知識　斎藤哲也

『風と共に去りぬ』は、アメリカの作家マーガレット・ミッチェル（1900〜1949）のデビュー作にして唯一の長編小説。1936年刊。著者の生前に40ヵ国で翻訳され、800万部が売れ世界的ベストセラーとなった。

舞台は南北戦争時代のアメリカ南部ジョージア州。大農園〈タラ〉の長女スカーレット・オハラは、愛するアシュリがいとこのメラニーと結婚することを知り、自身もアシュリに告白をするが、思いは通じない。たまたま同じ部屋のソファで寝ていたレット・バトラーは、激情にかられるスカーレットの言動に惹かれていく。

スカーレットはアシュリへのあてつけに、メラニーの兄チャールズと結婚するも、時を同じくして南北戦争が勃発、出征したチャールズは戦死してしまう。

スカーレットは移住先のアトランタでレット・バトラーと再会し、彼の力を借りて故郷へ戻る。だが、母は到着前日に亡くなり、父は抜け殻のようになっていた。荒れ果てた農園で、スカーレットは再生を誓う。

南軍敗戦後の苦しい再建時代のなかで、スカーレットは身を粉にして働き、やがてレット・バトラーと結ばれ、娘が生まれる。だが、娘は4歳の誕生日に落馬して死去。失意のレットは荒んでいき、家に帰らない日も増えていく。

メラニーの死、レットとの別れ、何もかも失ったスカーレットは、故郷の〈タラ〉に帰ることを決意する。

1939年には、ヴィヴィアン・リーとクラーク・ゲーブルが主演した映画が大ヒットし、アカデミー賞を総ナメした。日本でも戦後、たびたび舞台化されている。20世紀で最も人気を博した作品といっていいだろう。

対談に登壇いただいた鴻巣友季子氏は、2015年に新潮社から新訳を刊行。2018年に『謎とき「風と共に去りぬ」』（新潮選書）を上梓し、旧来のイメージや解釈を覆す読みを披露している。

ラニーの関係です。メラニーってスカーレットの恋敵ですよね。だけどこの二人の人物造形について調べてみたところ、どうやらこの二人は、二人で一人だったということがわかったんですよ。

**古市**　二人で一人とは？

**鴻巣**　じつはスカーレット・オハラには、出版間際まで別の名前が付いていました。何だと思います？

**古市**　なんだろう、全然わかんないです。

**鴻巣**　花の名前なんですけど、パンジー・オハラという名前だったんですよね。

**古市**　へぇ、全然雰囲気が変わりますね。

**鴻巣**　正直、パンジー・オハラのままだったら、ここまでヒットしたかなと思うぐらい脱力するんですが。パンジーって、作品の舞台となっている１８６０年代から１８９０年代ぐらいはイケてる名前だったんです。でも、作者のミッチェルが執筆していた１９２０年代半ばから約10年の間に、パンジーという単語は、隠語としてホモセクシュアル、ゲイのやや蔑称的な意味を持つようになったんですね。それで担当編集者から変更を勧められ、スカーレットに変えたんです。

**古市**　物語で名前って大事ですよね。

**鴻巣**　人物のイメージをかなり左右しますね。実はこのパンジー・オハラには、さらに前身となるキャラクターがいます。それが『風と共に去りぬ』以前に、作者のミッチェルが書いた短編の主人公、パンジー・ハミルトンです。このハミルトンというのは、メラニーの旧姓と同じですよね。つまりパンジー・ハミルトンという主人公が、『風と共に去りぬ』では二人に分裂して、パンジー・オハラとメラニー・ハミルトンというキャラクターができあがったわけです。

もうひとつだけいうと、メラニーは作者ミッチェルさんの母親の投影でもあるんです。だからスカーレットとメラニーの物語は、ミッチェルと母との物語でもあるんですね。

## シスターフッドとしての物語

**古市**　スカーレットとメラニーってもともとは恋敵ですが、物語的には最後、わりと仲良くなりますよね。

**鴻巣**　そうですね。なぜかというと、メラニーはスカーレットにとって自分の否定しきれなかった部分、捨てきれなかった影の部分なので、作者としてもこの二人が完全に決裂するという展開は考えられなかったんじゃないかと思います。それから、これはわりと信憑性がある説なんですけど、『風と共に去りぬ』は終わりから書かれているんです。

**古市**　この物語自体が、ですか？

**鴻巣**　ええ。だから、メラニーが死んで、スカーレットがレット・バトラーと別れるという結末はすでに出来ていました。最後の場面では、スカーレットとメラニーがほんとうに必要としていたのはお互いの存在だったという関係にまで行き着く。最初にそこを書いているから、メラニーとスカーレットとの別れと融合に向かって物語は進んでいくんです。

**古市**　シスターフッドというのが大きなテーマになっているんですね。素朴な疑問なんですが、この物語は最後にメラニーも死んでしまうし、スカーレットの一番目、二番目の夫も死んでしまう。最後にレットも去っていく。どうして死んだり去ったりが、こんな多いんでしょう。

**鴻巣**　一人目と二人目の夫に関しては、やっぱり退場させせざるをえなかったんでしょう。二人目は、レットと結婚させるために殺さざるをえない、これはわかりやすいですよね。じゃあ、なぜ一人目の夫もすぐ戦場で死んでしまうのか。たぶん、スカーレットとメラニーを接近させるためだと思うんですよね。夫が死んでメラニーたちと同居するようなかたちになります。

**古市**　そこは物語的な逆算なんですね。

**鴻巣**　スカーレットの一人目の夫チャールズ・ハミルトンは、メラニーのお兄さんです。スカーレットは恋敵であるメラニーと結婚するアシュリへの当てつけで、チャールズと結婚します。ここでスカーレットは、スカーレット・ハミルトンになり、メラニーの義姉になります。つまり二人は、苗字を共有してほんとうにシスターになる。ほどなくして、夫のハミルトンが死に、二人のシスターの関係はより結びつきが強くなっていくわけです。

## 「Tomorrow is another day」をどう訳すか

**古市**　物語的には、ハッピーエンドとはいえない終わり方ですよね。三番目の夫、レットも愛想を尽かして、スカーレットのもとから去ってしまうし。

**鴻巣**　作者ミッチェルは、この作品はとにかくオープンエンディングのつもりで書いたといいます。でも当時の読者は、答えが明確に書かれてない娯楽小説をあまり読み慣れていなかったんですね。だから問い合わせが殺到したらしいんですよ。納得いかないから、海賊版で続編を書いてしまう人も続出しました。ミッチェルとしては、ここで終わっているのだから、あとは読者の想像に任せるしかないと最後まで言い張ってました。

**古市**　たくさんの二次創作が生まれたというのは面白いですね。では最後の有名なセリフ

「Tomorrow is another day」も、別に前向きな意味ではないんですか。

**鴻巣**　これまでの日本語訳では「明日に望みを託しましょう」や「明日は明日の風が吹く」が有名ですが、わたしが思うに、この一行はネガティブではないけれど、ものすごくポジティブではない感じです。じつはあのセリフは、『新約聖書』マタイ伝第6章にある「明日のことは明日自らが思い悩む」が下敷きになっていると思うんです。それをふまえると、「今日のことで精一杯なんだから、明日のことを思い悩んでも仕方がない」というニュアンスで捉えるのがいいんじゃないかと思います。神の定めに従えという、キリスト教的な諦念を感じます。

**古市**　鴻巣さんの新訳ではどう訳しているんですか。

**鴻巣**　「だって、あしたは今日とは別の日だから」です。

**古市**　これまでの訳から大きく変えたんですね。

**鴻巣**　「明日は明日の風が吹く」だと、なんだか古い邦画の題名みたいですしね。あまりにも有名になった訳だし、歌舞伎の大見得を切るみたいに、これが最後に出ないと納得できない人もいるから、けっこう勇気のいることでしたが、もう少し肩の力が抜けた言葉の方が良いなと思って訳しました。あと、これはスカーレットの口癖なんですよ。作中で窮地に陥ると、おまじないのように唱えるセリフなので、あまり決め台詞っぽくないほうが自然かなという感覚もありました。

**古市**　『風と共に去りぬ』を新たに翻訳し直して、なにか大きな発見はありましたか。

**鴻巣**　一番びっくりしたのは、ミッチェルの文体なんです。『風と共に去りぬ』は大衆文学というイメージが強いので、あまり文体が注目されることはありませんでした。

じつは私は、翻訳するまで原文では読んだことがなかったんです。だけど読んでみると、きわめて高度な技法と話法を使って書かれていることに驚きました。同時代に活躍していたヴァージニア・ウルフという作家の文体は、多くの人が研究して、これはウルフの導入した話法みたいにすごく騒がれましたけど、まったく同じか、それ以上に実験的なことをミッチェルもやっているんですね。でも、彼女の文体技巧を論評する研究文献は圧倒的に少数です。みんな、彼女が何を書いたかということは問題にするけれど、いかに書いたかという点にはほとんど目を向けてこなかった。でも実際に英語で読むと、非常に冒険的で、考え抜かれた技法が使われていることがわかります。それがいちばんの驚きでしたね。

## 『風と共に去りぬ』執筆までの道のり

**古市**　作者のミッチェルは、どういった動機で『風と共に去りぬ』を書いたんですか。

くさんいたでしょう。映画を真実だと思って寄越してきた手紙にいちいち反論したりして、時間と労力を費してしまったという印象はありますね。

## 原作と映画の大きな違い

**古市** 原作と映画で、そんなに違うものなんですか?

**鴻巣** 私に言わせれば、正反対と言ってもいいくらいですね。ミッチェルも最初は、映画化を渋っていました。でも映画化の権利料が5万ドルという、当時としては天文学的な数字を提示されて、最終的には受け入れた。それでもミッチェルは、映画版の脚本作りや制作には一切関わらないと、最初の段階で決めていました。で、実際に蓋を開けてみたらひどいことになっていたんです。

**古市** ひどいこと?

**鴻巣** まず冒頭のテロップには、失われた麗しい南部文化があったというような文章が出てくるんですよ。ミッチェルはそういう感傷的なことはやりたくなかったから、出だしでガーンとなる。さらに、オハラ家が暮らすタラの屋敷は、ミッチェルがこれだけはやらないでほしいと言っていたイメージそのものでした。白亜の豪邸で、荘厳なギリシャ復興様式の円柱がどーんと立っている。ミッチェルは息が止まりそうなほどショックを受けました。

**古市** ストーリーは原作とそれほど変わらないけれど、ミッチェルが大事にしていた点がことごとく裏切られた。19世紀の「よき南部文化」を語り継ぐような意図はまったくなかったわけですもんね。

**鴻巣** 全然ないですね。むしろ原作は南部批判の物語です。中心人物であるスカーレットもレット・バトラーもアウトサイダーです。必要のない者は排除するという同質社会に馴染めない人を主人公にして、南部の良いところもあるけど悪いところも照射するという非常に批評的な小説なんです。それが映画になると、古き良き南部を懐かしみ称揚するように描かれてしまった。

**古市** BLM運動のなかで、映画の配信がいったん中止されたのもそういった描き方と関係しているんですか。

**鴻巣** そうでしょうね。やっぱり映画での黒人奴隷の描き方は、擁護するのがなかなか難しいかもしれません。

## あらすじを読むととっつきやすい

**古市** この作品は、映画では見たけど原作を読んでいない人が大勢いると思います。原作は長いですよね。これから原作に挑戦しようと思ったときに、どうしたら読みやすくなるでしょうか。

**鴻巣** ものすごく具体的なんですけど、私の書いた『謎とき「風と共に去りぬ」』という手頃な選書にたいへん丁寧なあらすじが載っています(笑)。古典大作の場合、一つには、あらすじを読んじゃうというのはありだと思うんですよ。難攻不落の『カラマーゾフの兄弟』や『魔の山』など、かなり長い作品に挑戦する際に、筋書を頭に入れておくというのは悪いことではないと思います。推理小説と違って、ネタバレがあるというものでもないので。

**古市** あらすじを読んでからだと、とっつきやすくなる。

**鴻巣** なりますね。ただ『風と共に去りぬ』はサプライズの連続なので、それをあらかじめ知るのが嫌な人はやめた方がいいかもしれません。あとは、これを恋愛小説と思わないで、それぞれのキャラクターの面白さを読むというのが私のお勧めです。

恋愛小説として読むと、すごく無理があるんです。スカーレットの恋愛観って、誰も納得できないような恋愛観だし、とにかく一人で突っ走ってしまう。でもそれが物語の原動力になってるからしょうがない。そこはスカーレットの勘違いで物語が動いていると割り切っていただいたほうがいい。むしろスカーレットは、ビジネスパーソンとしてはものすごく有能なんですよ。理系的な頭脳で、複雑な見積の数字も暗算でパッとお客に提示したりするし、ベンチャーの起業家としてのセンスも抜群です。だから、恋愛小説というより、スカーレット・オハラのキャリアパスという側面を読んで楽しむというのもいいんじゃないでしょうか。

**古市**　そうか、ある意味、NHKの朝ドラ的というか、女性がどんどん出世していくという話でもあるんですよね。

**鴻巣**　そうそう。実際、女性起業家のパイオニアである広岡浅子《ひろおかあさこ》をモデルにした『あさが来た』は、明らかに『風と共に去りぬ』をオマージュしていると思います。「世の中が変わっていくのに変わらなかったら生き残れへんやないですか」みたいなセリフが出てくるんですけど、これ完全にスカーレットのセリフなんですよね。

**古市**　思わず口に出したくなる格好いいフレーズです。

**鴻巣**　時代も同じなんですよ。『あさが来た』の始まりは幕末ぐらいで、『風と共に去りぬ』も南北戦争期だから。

**古市**　時代の変わり目に翻弄されながらも、立身出世していく女性の物語が、はからずも日米に生まれていたんですね。

**鴻巣**　ですから、ロマンスよりそういう読み方のほうが面白いんじゃないかと、わたしは思っています。

第11回

# アダム・スミス『国富論』

**野《の》原《はら》慎《しん》司《じ》**

東京大学大学院経済学研究科准教授。1980年生まれ、大阪府出身。専攻は経済学、経済学史、社会思想史、経済・社会哲学。著書に『アダム・スミスの近代性の根源』（単著）、『経済学史』（共著）、『Commerce and Strangers in Adam Smith』（単著）など。

# 『国富論』についての基礎知識

斎藤哲也

1776年に刊行された『国富論』は、イギリスの経済学者アダム・スミス（1723〜1790）の主著。原書名は『*An Inquiry into the Nature and Causes of the Wealth of Nations*』（諸国民の富の本質と原因に関する探究）で、『諸国民の富』とも訳される。全5編で構成され、それぞれ「分業」「資本蓄積」「富裕の進歩」「重商主義批判」「国家財政」が主題となっている。

スミスが生きた時代、重商主義あるいは重農主義が国を富ます政策として幅を利かせていた。重商主義とは、国内に金銀（貨幣）を溜め込むために、政府が積極的に植民地経営や貿易、国内産業の保護などを進めることをいう。

それに真っ向から異を唱えたのがスミスの『国富論』である。スミスは、富の源泉を労働と考えた。したがって富んだ国とは、労働生産性が高い国、すなわち少ない労働時間でたくさんの財を生み出すことができる国である。

では、労働生産性を高くするにはどうすればいいか。「分業」である。分業を論じた『国富論』第1編で、スミスはピン生産の例を示している。すなわち、工場で労働者たちがすべての工程を一人で行なうより、工程を分けてそれぞれ特定の作業を行なうほうが高い生産性を実現できるのだ、と。

労働のみならず土地、資本の活用も含めて、社会全体で効率よく分業するためには、自由に交換できる市場が必要だ。個々人が市場で自由に競争しあい、自分の利益を追求すれば、結果として社会全体の利益増進につながる。これをスミスは「見えざる手」の導きと表現している。

こうした議論から、スミスは国家の介入を批判して「自由放任」を説いたと考えられがちだが、現在のスミス研究者は、スミスを単純な自由放任論者とは捉えていない。対談に登場する野原慎司氏によれば、スミスは市場メカニズムを提唱する一方で、「商品の売買を支える制度的前提が必要なことも熟知してい」た（「日本経済新聞」2021年4月23日）。また、スミスのもう一冊の主著である『道徳感情論』では、社会正義の基礎を共感という感情から説明している。スミスにとって資本主義社会とは、制度や道徳の支えがあってはじめて健全に機能するものだったのである。

## 「アダム・スミス＝自由放任」は誤解？

**古市**　アダム・スミスというと、経済学の基礎を最初につくった人というイメージがあります。その主著である『国富論』は、一言でいえばどんな本なんですか？

**野原**　私流の言い方になりますが「オープンな分散型システムによって経済は発展する」という見方を提唱した本だと思います。もう少し言葉を足すと、自由貿易のように、人と人とのコミュニケーションをよりオープンにするほうが経済は発展する。そのためには、国家が上から政策を押しつけて産業を保護するのではなく、個々人の努力や創意工夫に任せたほうがいいのだ、と。

**古市**　オープンで分散的というのは、いまっぽい考え方ですね。経済学は、アダム・スミスから大きく変わったと言ってもいいんですか。

**野原**　経済学には個別の経済理論がいろいろありますよね。それを誰が最初に言い出したかという観点からすると、アダム・スミスはさして新しいことは言っていない、というのが通説になっています。だけど私自身は、経済学が一つの学問として独立するきっかけとして、スミスはとても重要な人物だったと考えています。なかんずく、国が介入しなくても、価格の変化によって需要と供給が調整されるという市場メカニズムを具体的に解き明かしたという点は画期的です。

**古市**　いまの説明だと、国家や国王がいなくても経済が回るということになりそうですけど、当時そういう考え方に反発はなかったんですか？

**野原**　そこが興味深いところです。アダム・スミスには、さまざまな捉え方があります。ありがちなのは、市場原理主義の元祖だという見方です。いわゆる自由放任、「神の見えざる手」というものに代表される、伝統的なアダム・スミス像ですね。

しかし今日の研究者の多くは、スミスは国家の役割は否定していないと考えています。むしろ制度の構築を重視していたと。たとえば、市場メカニズムが適切に働くためには、買い占めがあったら困りますよね。

**古市**　たとえば誰か一人が米を買い占めたら、競争は起きない。

**野原**　そうです。でも当時は、買い占めに近いようなことがいろいろとあった。それをやめさせるためには、国家は買い占めを禁止するような法律を制定しないといけません。だから人々が自分の持てる能力を最大限発揮するかたちで経済活動するには、じつは制度設計が必要なんだという視点をスミスは持っていたんです。

**古市**　自由放任といっても、国家が何もしないということではないんですね。

## 「神の見えざる手」とは？

**古市**　『国富論』という書名は、どういう意味なんですか？

**野原**　『国富論』は日本人が勝手に略したタイトルで、原題を直訳すると『諸国民の富の本質と原因に関する探究』という長いタイトルなんですよ。諸国民はネーションズ（Nations）で、複数形になっている点が非常に重要です。当時スミスはイギリスに住んでいましたが、決して「ブリテンの富」ではないわけですよね。イギリスさえよくなればいいというのではなく、世界各国それぞれが豊かさを手にして、共存共栄できるような経済学ということを意味しているのだと思います。

**古市**　『国富論』という日本の書名とは、かなりイメージが違いますね。

**野原**　『国富論』だと「富国強兵」に近いニュアンスになってしまいますよね。でも、一国を増強するための処方箋を出している本じゃないんです。

**古市**　さきほど「神の見えざる手」という有名な言葉が出ましたけど、アダム・スミス自身はこの言葉をどういう意味合いで使っていたんですか？

**野原**　個人は自分の利益しか考えずに働いていても、結果としてそれは、社会全体の豊かさになるというのが一般的な解釈です。ただ研究者でも、これは単にレトリックにすぎなくて、あまり大きな意味はないと考える人もいれば、重要視している人もいます。じつは、アダム・スミス自身は「神の見えざる手」という言い方はしていなくて、「見えざる手」(Invisible Hand)、あるいは「ユピテルの見えざる手」という表現を使っているんです。ユピテルは、古代ローマの神のことで、「ゴッド」じゃないんですね。

**古市**　なるほど。じゃあ、『国富論』において、それほど大事なコンセプトではない?

**野原**　いや、言葉としてはあまり登場してませんが、本の内容を考えれば、重要なコンセプトと捉えていいと私は思っています。

## 啓蒙の時代にお金儲けは肯定された

**古市**　アダム・スミスはなぜ、そういう独創的な発想ができたんでしょう。時代的な要因も大きいんでしょうか。

**野原**　それはすばらしい質問ですね。時代性はたしかにあります。アダム・スミスが生まれ活躍した18世紀は、啓蒙の時代と呼ばれています。それまでの時代は、キリスト教道徳的にいって「お金儲けは悪いこと」でした。今日の研究では、中世でもお金儲けを肯定する議論があったことはわかっていますが、総じていえば、あまりいいイメージではなかったわけです。だけど、啓蒙の時代に入ると、人間の経済活動は悪いことではないと、多くの人が言い出した。アダム・スミスの議論も、そういう時代的な背景と密接に関わっています。

**古市**　キリスト教が絶対という時代が終わり、人間の理性を信じて、不合理なものを排していけば、世界はよくなると信じられ始めた時代ですね。

**野原**　もうひとつ重要なのが、学問が庶民に焦点を当てたということです。それまでの政治学や歴史学は、主として政治家や思想家など偉い人にフォーカスするのが通常でしたが、啓蒙の時代になると、庶民の暮らしが焦点になっていくんです。それが、経済学が形成される大きなきっかけになりました。

**古市**　庶民というのは、具体的にどういう人でしょうか。

**野原**　スミスが主眼としているのは、中流階級でしょうね。だから個人の競争力を重視したのでしょう。もちろん、もっと底辺の庶民に焦点を当てた人もいて、そういう人は国による産業保護を重視しました。同じ庶民といっても、どの階級に注目するかによって、主張も変わってくるんです。

**古市**　スミスが生きた18世紀は激動の時代だった？

**野原**　そう思います。農業中心の農村社会から経済成長する社会へと大きく変貌する、最初のステージが形成されるような時代といったらいいでしょうか。
スミスはスコットランドのグラスゴー大学で教えていましたが、グラスゴーはタバコ貿易で儲けていました。アメリカからタバコを輸入して、それをヨーロッパ各地に販売する。スミスにも仲のよいタバコ商人がいます。成功したタバコ商人は大資本家になり、いろんな産業に投資をしたので、グラスゴー全体も経済発展しました。だから、今でいうグローバリゼーションのようなことを経験しつつある社会だったわけです。

**古市** アダム・スミスの本は、当時、どんな受け取られ方をしたんですか。けっこう売れた?

**野原** これがすごい売れたんです。面白いことに、アダム・スミス自身が印税のことをとても気にしている手紙が残っています。本を配った後の印税からの差し引き分とか。

**古市** へえ、そんな生々しいやり取りが(笑)。

**野原** 売れたわけですから、自由貿易とか、個人の創意工夫によって社会を切り拓くという彼のメッセージは、ある程度受け入れられたといっていいでしょう。
ただ、先ほども言ったように、スミスは国家の役割は認めていた。でも、著作からはそういう主張が見えにくいので、どちらかというと自由放任をよしとする著書だという受け止められ方でした。そういうイメージが、後の時代になればなるほど強まっていきました。

## 信頼がなければ市場は成立しない

**古市**　アダム・スミスには、もう一冊『道徳感情論』という有名な本がありますよね。こちらは、どういう本なんですか？

**野原**　一言でいうと、人間は利己心だけではなく、共感の心を持っているので、相互破壊的にならずにお互いに上手くコミュニケーションできるし、自発的に共存のルールは作ることができるという考え方を説明した本です。

**古市**　人々は市場に参加することによって共感を抱かざるを得ないという意味ですか。それとも、もともと共感する力を持っていると仮定した議論でしょうか。

**野原**　市場に参加する人は、その前提としてお互いに共感する力を持ちながら、信頼関係を結んでいるという感じでしょうか。そうではないと怖くて、知らない人からモノを買えませんよね。毒を盛られているかもしれないと思ったら、買い物なんてできませんから、ある程度の信頼はないといけないわけです。

**古市**　たしかに、ペットボトルの水を飲むとか、コンビニでおでんを買うとかだけでも、信頼がないとできませんよね。

**野原**　もちろん、状況によって必要な信頼の度合いというものはあります。スミスの場合、市場についていては、それほど信頼は目立ちません。だけど、社会という場面では、人間は相互に社会のルールを守っている。では、その社会のルールをなぜ守るかというと、重要なのは法律じゃないとスミスは言うんですね。

**古市**　法律は大事ではない？

**野原**　実際、私たちは細かい法律を知らなくても、おおむねルールを守っています。それは、法律のもとにある「他人に危害を加えない」という発想を理解しているからですよね。そういった正義のルールを、人は暗黙のうちに受け入れているわけです。そのルール感覚の根本には、互いへの共感があるというのがスミスの考えです。

だから『道徳感情論』と『国富論』は、無関係じゃないんですね。やっぱり互いの共感や信頼があって、自発的な交換が成立する。そこから、市場のルールが形成されるということですから。

**古市**　市場がうまく回っていくために、信頼が必要なんですね。

**野原**　そうなんです。少し脱線しますが、各国別に他人をどれくらい信頼しているかということを調査した研究があるんですね。ここで信頼というのは、見知らぬ他者に対するものです。その調査によると、日本人はじつはそんなに信頼していないようです。アメリカ人のほうがじつは、見知らぬ他者に対する信頼は高いんですね。

**古市**　日本人は内輪では仲良しだけど、知らない人への信頼度は低いということですね。

## 交換と分業がイノベーションを起こす

**古市**　『国富論』や『道徳感情論』を読むにあたって、これをおさえておいたほうがいいという前提知識や時代背景ってありますか。

**野原**　そういうのがなくても割と読めますよ。あったほうがより理解が深まるでしょうけど。なかったとしてもふつうに読めると思います。ただ、どちらも翻訳が複数あるので、自分で読みやすい翻訳を見つけたほうがいいですね。

**古市**　読むのに、どのくらい時間がかかりますか。

**野原**　うーん、どちらも分量はありますから、一日1時間ずつ読んでも、読破するのに1週間以上はかかります。

**古市**　アダム・スミスが現代社会を見たら、どういう感想を持つと思いますか？

**野原**　どうでしょうねえ（笑）。自分が想像しているよりも、市場システムが行き渡りすぎていることに驚くかもしれませんね。スミスが生きた18世紀は、まだまだ規制も多いし、王様や貴族が偉そうにしていたから、そんなに自由な社会ではありませんでした。スミスは、晩年になればなるほど貴族に対して批判的になっていったんですよ。

**古市**　貴族がえばっていたから？

**野原**　そうです。お坊ちゃんで偉そうにしているくせに、たいした活動はしていないことを強く批判しました。スミスはそういう時代に生きていたので、民主主義と産業革命が社会の隅々まで広がるという状態を、おそらく想像できていなかったはずです。

**古市**　現代人がスミスを読む意味は、どんなところにあると思いますか？

**野原**　スミスは、『国富論』や『道徳感情論』という本を書いたほか、法学のレクチャーもしているんです。それも講義ノートとして残っています。つまり、決して経済だけの話をした人ではないんですね。2冊の本を読むと、人間の本性のようなところから、人間同士の相互作用によって、人間関係や規則、市場がどうやってつくられていったのかを学ぶことができる。人間の営みを総合的に捉えるヒントをもらえるのが、スミスの魅力ではないでしょうか。

**古市**　スミスは、いわゆる専門バカじゃないんですね。最近は、「イノベーションを起こせ」みたいなことが、よく言われます。スミスの学問には、そういったイノベーションに通じる発想ってあるんですか？

野原　技術革新をどう引き起こすかということにつながることは言っています。それは「分業」なんですね。一人の人間が生活に必要なモノをイチから作るのではなく、それぞれ分担を決めて、ある特定の作業に集中する。そういう関係を強化していけば、生産性が上がるし、イノベーションも起きるだろうと。

古市　自分だけで完結するんじゃなくて、知恵を交換したり、仕事を分担するというのが重要なわけですね。

## 資本主義が拡大した理由

古市　アダム・スミスから逸れた大きな質問になってしまうんですけど、古代から現代までの経済活動のなかで、市場というのはどういうふうに変化してきたんですか。

野原　大昔から、市場は部分的にはありました。なんでも自分で調達できるわけじゃないから、他人から物を買うことは必要ですよね。「市場」を「いちば」って言うじゃないですか。ある特定の日に、特定の場所に集まって貨幣を介して交換する。そういうことは古代からあったわけです。

古市　日本でも、平城京には官営の市がありました。

**野原**　ただ、それが全面化するかどうかが、資本主義以前か以後かを分けるんですね。資本主義社会の普及以前というのは、他人から物をもらったり、他人に物をあげたりという関係を通じて、必要なものを調達することが普通に行われていたんですね。

**古市**　野菜が採れたから、おすそ分けするみたいな？

**野原**　そうです。それは現代の日本だって、地方の農村部に行くとやっていることですよね。そうやって互いに物を融通し合う関係が、昔は普通にあったわけです。でも、資本主義社会というのは、そういった交換関係がすべて金銭関係に置き換わるんですね。生活に必要な物は全部、お金を払って他人から買ってくる。それがすべての分野にいきわたるのが資本主義社会です。だから貨幣による交換自体は古代からありますが、その範囲は古代と現代では大きく違っているわけです。

**古市**　資本主義というシステムは、なぜ世界全体にまで広まったと思いますか？

**野原**　いまお話ししたことと関係するんですが、他人との信頼関係で物を融通し合う関係を金銭関係に置き換えることは、じつは大きな意味を持っているんです。具体的に言うと、金銭関係に置き換えられるということは、自分が利己的に行動してもよい、ということなんです。

**古市**　利己的に行動してもいいから、資本主義が広まった？

**野原**　物をもらったり、あげたりする人間関係は、道徳的な信頼関係がないと成り立ちませんよね。エゴイスティックになって、自分のことばかり考えていたら、他人から物をもらえなくなってしまう。だから、エゴを抑えるわけです。ところが他人との関係を金銭関係に置き換えてしまうと、いくら利己的にやっても、お金さえあれば欲望を最大限に解放できます。そうやって欲望の解放を推し進めるシステムだからこそ、どんな場所や地域でも受け容れられたのではないですかね。

**古市**　それは面白い視点ですね。物を融通し合う関係は、どこかで我慢を強いられるけど、資本主義社会では、お金さえあればいいから、みんながどんどん欲望に自由になれる。

**野原**　そうなんですよ。

**古市**　その弊害もある？

**野原**　それはあるでしょうね。すべてお金に置き換えすぎてしまったことで、他人との関係が希薄な社会になってしまった。あるいは、地域共同体が弱まったということが、最大の問題だと思います。地域のなかで、公共的に必要なことはいろいろありますよね。そういったことをみんなで議論して決定するということが薄れてしまいました。その点では、スミスが『道徳感情論』で言っているような共感ということを、現代的に捉え直す必要があるのかもしれません。

第12回

# マルクス『資本論』

**的《まと》場《ば》昭《あき》弘《ひろ》**

経済学者、1952年生まれ。宮崎県出身。神奈川大学経済学部教授。著書に『マルクスだったらこう考える』『一週間 de 資本論』『カール・マルクス入門』『超訳「資本論」』など。翻訳に『新訳 初期マルクス』『新訳 共産党宣言』『新訳 哲学の貧困』など。

## 『資本論』の基礎知識　斎藤哲也

『資本論』は、19世紀のドイツの思想家、カール・マルクス（1818〜1883）の代表的著作。第1巻は1867年に公刊されたが、第2巻（1885年）、第3巻（1894年）は、マルクスの死後、フリードリヒ・エンゲルスがその遺稿を編纂して出版された。

第1巻初版の序文でマルクスは、『資本論』の最終目的は「近代社会の経済的運動法則を暴露すること」、すなわち資本主義経済のメカニズムを解明することにあると述べている。

この目的に向かって『資本論』はどのように論を進めているのか。ここで重要になるのが、『資本論』の副題にある「経済学批判」という言葉だ。マルクスは、それまでの経済学者のように、商品や貨幣、資本、市場というものを自明視せず、それらがどのような条件で成立するかに着目した。有名な第1巻冒頭の一文を見てみよう。

資本主義的な生産様式が支配的である社会の富は、「商品の巨大な集まり」として現れ、個々の商品はその富の要素形態として現れる。それゆえ、われわれの研究は商品の分析から始まる。

引用が示すように、『資本論』は商品の分析から始まり、貨幣、資本の分析へと歩を進め、資本が利潤を増殖させていくカラクリを明らかにしていく。その大きなポイントが「労働力の商品化」である。端的に言えば資本家が労働者から搾取しているということだ。実際、第1巻の第8章「労働日」には、当時のイギリスの労働者が、いかに劣悪な労働環境で酷使されていたかが克明に描かれている。

続く第2巻では商品が市場に出たあとの資本の流通過程が、第3巻では利子生み資本（現代で言えば金融資本）や土地から生まれる地代の問題が中心的に分析される。

マルクスが「健康も、この世の幸福も、家族をも犠牲にして」（マルクスからジークフリート・マイアー宛の手紙。1867年）執筆した『資本論』は、資本主義が根本的に矛盾を孕んだ経済システムであることを暴き出した書でもある。事実、格差や貧困、気候変動に代表される環境破壊など、資本主義がもたらしてきた危機はますます顕在化しつつあり、その克服のために、現在もさまざまな論者によってマルクスの議論が参照されている。それだけの力が『資本論』にはあるのだろう。

## 『資本論』をどこから読むか

**古市** 的場さんは、マルクス『資本論』を要約した『超訳「資本論」』という本を書かれています。それ以外にも、『資本論』はマンガや図解など、解説本がたくさん出ていますけど、それだけ『資本論』は難しいということでしょうか。

**的場** たしかに表現は難しいんですけど、内容は思ったほど難しくはないんですね。

**古市** それは心強い言葉ですね。

**的場** マルクスがなぜ難しいかと言うと、当時支配的だった19世紀の経済学者たちに対して批判しようとしているからです。標的としている学者が難しく書いているから、マルクスもそれに合わせて、レトリックをふんだんに使いながら難しく書いている。ただ、内容はそんなに難しくなくて、きわめてストレートにわかる書物でもあるんです。

**古市** 的場さんが『資本論』の勘所を教えてくれと言われたら、まずどこから説明しますか?

**的場** 相手が誰かによりますね。たとえば、ブラック企業などで過酷な労働を強いられている労働者ならば、第8章「労働日」を紹介して、労働者が搾取《さくしゅ》される原理を説明すると思います。マルクスも、労働者は8章から読めと言ってますしね。

**古市**　「搾取」は一般的な言葉としても定着していますが、そもそもマルクスのいう「搾取」って、どういう意味だったんでしょうか。

**的場**　じつはなかなか難しい言葉なんです。マルクスは、利潤とは、労働者が働いて産み出した価値の一部を資本家がかすめとったものだと考えました。これが一般に言われる意味の搾取ですね。

でも搾取の原語には「開発する」という意味もある。だから、労働者から搾り取るという意味だけでなく、文明を発展させて労働者の生活を豊かにしていくという意味合いもあるんです。『資本論』には、こういう二面性のある議論や概念がよく出てきます。それを理解するには、本文だけじゃなく、脚注をよく読まないとわからないんです。

**古市**　なるほど。じゃあマルクス自身も、「搾取」に二重の意味をもたせて使っていたんですね。搾取と関連して、「疎外《そがい》」という言葉もよく使われますが、これはどういう意味でしょうか。

**的場**　マルクスは若いころ「疎外」という言葉をよく使っていました。これも原語の意味を考えると、もともとは、自分が作ったものを相手に渡すこと、つまり「譲渡」なんです。若いときのマルクスは、自分の作ったものが商品となって他人に渡ることを「疎外された労働」と考えた。自分が作ったものなのに、自分のものでなくなるからです。

**古市**　「若いとき」ということは、マルクスも考えを変えたんですか。

**的場**　じつは、疎外にもプラスの役割があるんですね。疎外を媒介しないとモノは広がっていかない。たとえば私が画家で、自分で描いた絵は全部自分の家に置いておく。そうすると私は画家として成り立たないですね。自分の大切な絵だからこそ人に売る。そうすることによって、私という人間が認められていく。そして私の社会性が出てくる。つまり、社会性のためには、人は疎外（譲渡）という形態を取らないといけないわけです。

**古市**　確かに「疎外」を「譲渡」であるとも考えると、プラスの面もありますね。

**的場**　マルクスもそのことに気づいて、途中から疎外という言葉は使わなくなった。そのかわりに「物象化」（物神化）という言葉を使うようになります。物象化とは、人間のつながりがモノやカネの関係になりかわっていくことを言います。モノが自分のところからなくなることが問題なのではなくて、人間関係がモノの関係に支配されることを問題視するようになるんです。

## 資本主義の終わりは近い？

**古市**　現代の日本では、マルクスのどんな議論がいちばん参考になりそうでしょうか。やっぱり格差の問題とか？

**的場**　搾取の問題は格差に直結しますよね。でもいまなら、ポスト資本主義の姿を考えるヒントとして読んでみるのもいいかもしれません。

たとえば現在の先進国では、総じて利子率が下がっています。日本はマイナス金利というぐらいですから、その筆頭です。でもすでにマルクスは『資本論』の第3巻で、資本主義が高度に発展していくと利潤率が低下し、最後には資本主義は成り立たなくなる可能性があると言っているんですね。資本主義って投資をして利益をあげる運動ですから、利益があがらなくなったらもう成り立たなくなるわけです。

**古市**　どうして資本主義が発達すると、利潤率は下がっていくんですか。

**的場**　企業の競争が激しくなると、どの企業も競争に勝つために、新しい機械を導入したり、優秀な人材を雇ったり、投資にかかるお金が増えていくからです。もちろん企業は利益を出すために投資を増やすんだけど、それが結果的に利潤率を下げてしまうんですね。

**古市**　じゃあ資本主義の終わりは近い、と？

**的場**　ただ、利潤率が低下していくといっても、一方的にそうなるだけじゃなくて、それに対する反対のベクトルも出てきます。簡単に言えば、市場が広がって新製品が次々に売れれば、利潤率は下がらない。だから、そう簡単に資本主義が終わるとは言えないけれど、一般的な傾向としては、マルクスの言ったとおりになっていますね。

**古市**　19世紀に生きていたマルクスの理論が、なぜ現代にも当てはまり得るんでしょう。

**的場**　一つには、生産力の変化という点から、歴史の変化を捉えたことが大きいと思います。マルクスより少し前に、ヘーゲルという哲学者がいますね。ヘーゲルは、歴史というものは人間精神の自己発展と似たかたちで展開するという議論をつくりました。マルクスは、ヘーゲルの影響を受けながら、その歴史発展のあり方を、生産力や生産関係、つまり経済的な要因から説明したんですね。これは唯物史観ですが、『資本論』より前の『経済学批判』という本の序言に書かれています。

## 国民国家では資本の尻拭いはできない

**古市**　でも資本主義のあり方も、昔とはだいぶ変わってきていませんか。どんどんグローバルになっていますし。

**的場**　じつはそれもマルクスが『資本論』で言っているんです。資本の運動がグローバル化を促進する、と。ですから、資本の運動が展開する限り、世界は一つになっていくわけです。

**古市**　その場合、国家はどうなっていくんでしょう。

**的場**　国家も資本の中に取り込まれていきます。それを最もわかりやすく示しているのは国民国家なんですよ。国民国家って、資本にとって非常に便利な道具だったわけです。国のなかでいったん市場を閉じて、国民を搾取する。最初からグローバルに儲けるよりも、国のなかで商売をしたほうが確実ですから。

**古市**　明治政府もまずは国内を開発して、資本を蓄えましたね。

**的場**　国民国家のなかで資本を蓄積できたら、今度は他国へ出ていく。だけど外に出ていくと、多国籍企業のように、国民国家がいらなくなるんですよね。だから資本は国民国家の枠を飛び越えてグローバル化していくんです。

**古市**　じゃあ、国民国家の終わりも近い？

**的場**　いまや国家は、企業がピンチのときに役立つだけなんですね。マルクスは『資本論』のなかで、資本は儲かっているときには国家に関心を示さないが、損をすると途端に公債と税金というかたちでツケを国家にまわすと指摘しています。でも国民国家のサイズでは、もう超巨大企業の尻拭いはできない。だからこれからは、国民国家は少しずつ解体して、帝国的なサイズに再編されていくんじゃないでしょうか。

**古市**　グーグルやアップルなど、「GAFAM《ガファム》」と言われるような世界的な大企業が力を持った時代に、資本家と労働者の関係はどのように考えればいいですか。

**的場**　マルクスは、資本家と労働者の階級闘争というモデルを示しましたが、現代だと単純には当てはまらないですよね。

労働者を考えても、先進国では知的労働者と肉体労働者がどんどん分離し、ある時期は知的労働者たちが増えていきます。いわゆるサラリーマン層、中間層です。そして肉体労働の低賃金労働者は非常に少なくなる。他方で、経済的に遅れた国では、低賃金労働者が増えているわけです。

**古市**　その低賃金労働者が革命を起こすわけではないんですね。

**的場**　時代が進むと、中国のような国でも今度は中間層が増えていきますね。そして皮肉なことに、先進国では中間層が分解し、少なくない人々が低賃金の不安定な職場に吸収されていく。つまり中間層の二極分解が起こるんです。

**古市**　いまはスマートフォン一台で映画が作れたりもします。こういう現代的な生産や消費を、マルクスならどう分析しますか。

**的場**　それも二面性なんですね。『経済学批判要綱』という本で、機械についてこう言ってるんです。一面では、機械をどんどん発展させれば、労働者に払うお金が少なくなり、資本の利益が増えます。しかし他面、それを推し進めると、機械や技術が世の中全体にひろがっていき、社会でそれを共有するようになっていきます。そうすると、資本は機械や技術の独占権を失っていくことにもなるわけです。

**古市**　現代のＩＴ社会を言い当てているような言葉ですね。

**的場**　そうなんです。だから機械の導入は一方で労働者を搾取する原因にもなる。しかしそれは労働者を解放する原因にもなる。この二面性なんですよ。

**古市**　ＡＩは労働を奪うとも言われるし、人々を労働から解放するとも言われます。そこにつながる話ですね。

**的場**　マルクスもその両面を言ってるんですね。資本主義が進んでいくと、労働それ自体が自己目的になるとも言うし、労働から解放されるとも言う。両方とも読めるところにマルクスの魅力があるんです。

## ロシア革命は偶然起きてしまった

**古市**　マルクスというと、「革命」というイメージがありますが、実際は大きな革命ってそれほど起きてないですよね。

**的場**　革命という問題は、マルクスの中心の問題ではそもそもないんですね。つまり『資本論』は、革命のプログラムを書いたものではないということです。

ところが1917年に、ロシアではマルクス主義の革命が起きて、偶然にも成功してしまった。その影響で、生産力がどうあろうと、どんな国でも革命が起こりうるんだという主体的革命論としてマルクスが読まれるようになってしまったんです。

**古市**　ロシア革命以前と以後で、マルクスの読まれ方が変わったんですね。

**的場**　そうです。マルクスは労働運動をがんばれば革命が起きるとは考えなかったんですね。

生産力が向上していくと資本主義じたいが危機におちいる。その結果として革命が起きる。とすると、革命は資本主義がもっとも発達した国で起こりうるものと考えられるわけです。だから、資本主義の変化を分析することが重要なんですね。

**古市**　マルクスは1883年に死んでいますが、もしロシア革命の時代まで生きていても、彼にとっては想定外だった？

**的場**　想定外です。こういう話があります。マルクスのもとに、ロシアや東欧など、資本主義が遅れている地域の運動家がやってきて、いろいろ質問したんですね。遅れた国の労働者の運動は進んだ国の労働者とどう関係したらいいのか、と。

**古市**　資本主義が進んだ国でしか革命が起きないなら、そもそも資本主義の遅れた国で、労働者がいくら運動してもしようがないと。

**的場**　そうそう。でもマルクスによれば、それはまったく役割がないわけじゃない。遅れた地域の労働者たちの運動が、先進国の運動と結合すれば、なんらかの意味で先進国の革命に寄与するんだ。そういう説明をしています。しかしあくまで援護射撃ですから、遅れた国が先に社会主義に移ることは想定していなかったでしょうね。

**古市**　マルクス自身は、社会主義や共産主義について何か具体的に語っているんですか？

**的場**　断片的に言及している程度で、主題的には語っていません。マルクスの最大の持ち味は、資本主義がどのように変化していくかという分析の方です。その終焉の時を見つけるのが彼の最大の問題で、その先はあまり考えてないんです。

**古市**　じゃあ、マルクスの読者が勝手に、共産主義や社会主義に対する期待や想像を膨らませていったんですか？

**的場**　そうですね。資本主義が崩壊するとなれば、その後、一体どうなるのかと聞きたくなりますよね。そうやって、一番美味しいところを求める。すると、マルクスを読み込んだ人間は、自分なりに解釈してその美味しいところを言いたくなるんです。

　ただマルクスという人は、ユダヤ教の名門家系の出身です。だからユダヤ教的な終末論の発想があって、遠い将来に起こるというけれども、当面の予言はしない。だから現実を分析することに徹するんですね。彼は予言者ではありません。

## マルクスが現代を見たら

**古市**　マルクスは人柄としてはどんな人だったんですか？

**的場**　端的に言うと、理論をつくると同時に組織も作る人なんです。しかしその組織をまとめることができない。彼は１８４０年代に、組織をまとめようとして作って、崩壊させてしまうんです。だから権力志向型だけど、それが上手くいくタイプではない、という感じですね。

**古市**　組織をまとめられなかった人の思想が、ここまで人々を動員してきたというのは面白いですね。

**的場**　一方で彼は、ロンドンに亡命している時もそうですけども、労働者たちに結構好かれるんです。なぜかというと、気前がいいんですね。マルクスは自分も貧乏なのに、労働者にお金をあげてしまうんですよ。マルクスの生計は、盟友だったエンゲルスが支えているようなものでした。エンゲルスからもらったお金を、自分で使わないでそのまま労働者にわたしてしまう。そのぐらい心が大きい人でもありました。

**古市**　マルクス自身は、あまり教条的な人間ではなかったんですか。

**的場**　ええ。イエス・キリストがキリスト教を支持したかどうかという問題がありますよね。私たちはつい、キリストがキリスト教の創始者のように考えてしまいます。でも、キリストは死ぬまでユダヤ教徒なんですよ。マルクスも同じです。マルクスは自分で「私はマルクス主義者じゃない」と言ってるぐらいですから（笑）。

**古市**　へえ！　マルクスが現代を見たらどう思うでしょうか？

**的場**　多分、当惑すると思います。資本主義が意外に早く、限界を迎えつつありますから。

19世紀から20世紀にかけて資本主義が発展した最大の理由は、未開拓な市場がたくさんあったからです。これがもうほぼなくなりつつありますよね。もう大抵の商品は過剰になっていて、買い替え需要しかない。新商品による経済成長もできない。宇宙に出たとしても、モノやサービスを買ってくれる人はいません。アフリカが消費市場として開発されれば、人口が急増しないかぎりほんとうにフロンティアはなくなるわけです。

**古市**　フロンティアがなくなっていく時代に、資本主義はいかに生き残ろうとするのか。

**的場**　投資が利潤を生み出さなくなるとどうなるでしょうか。おそらくいろんなモノやサービスが、水道や道路のような公共財になっていくんでしょうね。

## 読んで挫折してもいい

**古市**　マルクスの著作や理論を、マンガや解説書だけで理解するのはまずいでしょうか。それでもエッセンスはわかるような気がするんですけど。

**的場**　たしかにエッセンスは重要なんですね。でも、それは骨なんですよ。骨だけ見ても、その人間はわからない。肉も見てはじめて、どういう人間なのかがわかる。それと同じで、解説書と原典を一緒に読むことで、マルクスの豊かなところがわかってくるんです。今日、お話ししてきた二面性というのも、原典を読むことで見えてくるものです。

私はよく学生に言うんですよ。写真だけを見て海外旅行ができるかって。旅行しないで、旅行ガイドにのっている写真を見ながら観光すれば経済効率はいいかもしれません。でも、観光地になっていない街を歩きながら、空気や匂いを感じないと、その国の上っ面の部分しか触れることができません。解説書だけを読んでわかった気になるのは、名所だけを見てその国をわかった気になるのと一緒です。

**古市**　解説書をたよりにしながら、原典にチャレンジして欲しい、と。

**的場**　そうです。解説書だけを読むなら、挫折してもいいから原典を読んだほうがいい。

挫折しても途中まで登ったことは登ったんですよ。だから挫折することは大いに結構なことなんです。最後に『資本論』の言葉を引用します。「学問をするのに簡単な道などない。だから学問の厳しい山を登るのをいとわないものだけが、輝かしい絶頂を極める希望を持つのだ」。

# おわりに

## 誰もができる速読「目的読書術」

誰でもできる速読のコツがある。それは「目的」を持つことだ。

たとえば『ウォーリーを探せ！』をイメージして欲しい。なぜ読者が、人々の入り乱れた絵の中からウォーリーを探せるかと言えば、彼の姿形を知っているからだ。

読書も同じことだ。その本から何の情報を得たいかが明確であるほど、ページをめくる速度は速くなる。いわば、自分自身を検索エンジン化するのだ。

当然、すべての文をじっくり読む必要はない。目的に関連するキーワードを拾い、その前後に目を通し、もし必要がありそうならしっかり読み、そうでなければ読み飛ばす、をくりかえしていく。

僕自身、ほとんどの本を目的ありきで読む。特に「文章を書くための読書」は、最も短時間で済む。「散逸物語について知りたい」「講談社の戦争協力の歴史を知りたい」など、まさに目的がはっきりしているからだ。

一方で散漫な読書には時間がかかる。純粋な趣味や娯楽として読書を楽しみたい人はいいが、何せ現代のエンターテインメントは時間の取り合いである。Netflixの連続ドラマ、PS5のオープンワールド型RPG、リアルな世界でのライブや脱出ゲーム。その中で、本のために10時間も20時間も確保してくれる人は多くない。

しかもゆっくり本を読んだところで、どうせほとんどの内容は忘れてしまう。結局、想起と再言語化なしに記憶は定着しない。忘れたくないと思った本があったら、内容を他人に話しまくるのがいい。

だが、目的ありきの読書術には、愛書家から批判がきそうだ。「そんな読み方では、本の全貌は理解できない」と。確かにそうなのだが、では、どんな読書をすれば、真に「本」を「理解」したと言えるのだろう。

結論から言えば、誰にも本を完全に理解することはできないし、する必要もない。たとえば僕自身、何冊も本を書いてきたが、読者から思いも寄らぬ感想をもらうことがある。「若者が幸福でよかったです」「平成くん、最後には急に男っぽくなるんですね」などと言われると、著者としては反論したくなるのだが、それも一つの読み方かなとも思う。

本は、著者の独占物ではない。執筆時には1ミリも想定していなかったが、読者から指摘されて、そのような解釈もあったかとハッとすることもある。だから、あらゆる本には、完全な正読も誤読もないと言っていい。

## あらためて名著の読みどころ

本書では、12の「名著」や「古典」に関して、「プロの読み方」を学んできた。それに従ってもいいし、完全に自由な読み方をしてもいい。

僕がお勧めするのは、何かの目的を持って「名著」や「古典」を読むことだ。読むスピードが速くなることに加えて、達成感を得やすい、という効能もある。

だが、いきなり読書に「目的」を持てと言われても難しいかも知れない。そこで、本書で取り上げてきた12の「名著」や「古典」について、こんな風に読んでもいいのではないか、と提案をしておく。

『神曲』

この本でも話を聞いた原基晶さんの翻訳、講談社学術文庫版を読むのがいい。本文は詩的で美しく、解説も非常に充実している。個人的な読みどころは、これまで幾度も日本語訳されてきた『神曲』への評価だ。地獄編の巻末「新訳刊行にあたって」を読むだけで、原さんが翻訳にかけた情熱が伝わってくる。先人たちに辛辣でありながら、並々ならぬ『神曲』への愛を感じる。そして読者は、安心して地獄の旅へと向かうことができるだろう。

『源氏物語』

光源氏が主人公の、きらびやかな前半が人気少女漫画だとするならば、大塚ひかりさんお勧めの「宇治十帖」はユーロスペースで上映されていそうな邦画である。とにかく登場人物が不器用で、流されやすい。物語としての強度は前半に負けている気もするが、1000年前に書かれた作品だと思うと、事情は変わってくる。時代が変わっても不変な価値観、当時の死生観など、読みどころは多い。個人的に気になったのは、極楽往生の基準が、あまりにも厳しすぎる点である。


『失われた時を求めて』

村上開新堂のクッキーの詰め合わせに似ている本だと思った。金属製の缶一杯に多様なクッキーが敷き詰められていて、まるで宝探しのように自分の食べたい一枚を探す。教会のステンドグラスの輝き、草創期の自動車、第一次世界大戦下のパリ、空襲に対する人々の心構え、男娼館でSMを愉しむ男爵。詩的な回想から、下世話とも思えるシーンまでが詰め込まれた長編だ。まずは有名なマドレーヌを紅茶に浸すページを目標に読んでもいいかも知れない。高遠さんの訳した光文社古典新訳文庫版では、116ページ目である。

「相対性理論」

アインシュタインの原論文は、ネットで簡単に見つけることができる。ただしドイツ語で書かれている上に、多数の数式が登場する。ここからは、二つの選択肢がある。一つは、『原論文で学ぶアインシュタインの相対性理論』（ちくま学芸文庫）や『相対性理論がわかる』（技術評論社）などを読みながら、きちんと数式に向き合うこと。もう一つは、ざっくりと全体像さえ理解できればいいと割り切ること。前者を選べば、「時空」なるものがイメージできるようになるらしい。

『社会契約論』

２０２０年代を生きる読者にとって、『社会契約論』はだいぶ読みやすいものになってしまった。それは「明日からこの国を、この世界をどうしよう」と考える時のヒントが、たくさん書かれているからだ。なぜ自由に生まれたはずの人間が、鎖に繋がれたように生きているのか。戦争に勝利した場合、征服者はどのような権利を手にするのか。東浩紀さんの『一般意志２・０』（講談社文庫）と共に読むのがいい。東さんが、根源的に物事を考えようとする人、ということがわかると思う。

『ツァラトゥストラ』

あの有名な「神は死んだ」というフレーズが登場する。それを楽しみに読むのもいいが、意外と序盤で出てきてしまう。『ツァラトゥストラ』は名言集かというくらい、パワーワードが多い。だから初めて読む時は、「好きなニーチェの言葉」を探すくらいの気持ちで読んでいいと思う。「読書する怠け者を、俺は憎む」とシニカルに全方位に喧嘩を売るのも気持ちいい。

『わが闘争』

佐藤卓己さんもお勧めしていた第6章「戦時宣伝」は、さっと読める上に、「大衆」を小馬鹿にしていて面白い。プロパガンダはインテリではなく、大衆に向けてするべきだ。大衆は、理解力が小さく、忘却力が大きい。だから重点をうんと制限する必要がある、といった具合だ。ヒトラーは世界一有名な独裁者でもあるので、第1章から始まる半生記も、なかなか読み応えがある。青年ヒトラーが、芸術と建築に心を奪われる様子からは、どうしても、あり得たかも知れない別の世界線を想像してしまう。

『ペスト』

どんな書物も、「自分事」となった途端、一気に読みやすくなるものだ。この『ペスト』はその最も象徴的な事例だ。２０１９年までの読者と、２０２０年を経験した読者で、この本の読み方はまったく変わってくる。さらに、２０２２年には「大国の侵略」「住民のレジスタンス」という１００年前の歴史の再演を見せられているような出来事が起こってしまった。その意味で、現代人にとっては非常に「読みやすい」と言える一冊だ。

『古事記』

個人的に好きなのは、オオクニヌシとスセリ姫の物語。女性の力で男がとんとん拍子に成功していくという、まるで島耕作のような筋書きだ。スサノオの出す無理難題に対して、スセリ姫が裏で解決策を提示、のんきなオオクニヌシが信頼を勝ち得ていく。全体を読むなら三浦佑之さんの口語訳がいいが、まずは児童書として前半をまとめた橋本治版から始めるのが最も挫折しにくい。

『風と共に去りぬ』

大ヒット小説である。映画でも漫画でも同じだが、ヒットする物語はキャラクターがとにかくいい。『風と共に去りぬ』は、主人公スカーレット・オハラの自由で逞しい姿はもちろん、彼女が恋する男たちは、古今東西の読者を魅了してきた。いくら設定が優れていても、それだけでは物語は決して面白くならない。キャラクターが物語を駆動させるのである。

『国富論』

市場経済についてはもちろん、司法制度や教育制度まで述べられた一冊だ。全体を限なく理解するのは難しくても、章と節が細かく分かれているので、興味のある箇所を拾い読みするのがいい。ところでアダム・スミスは『道徳感情論』の中で、「幸福」にとって何よりも大切なのは、「愛されているという意識が満足すること」だと述べている。生涯独身ではあったが、交友関係は広かった。そんな人間アダムを思い浮かべると、少しは『国富論』も読みやすくなると思う。

『資本論』

資本主義という「新しい世界」の秘密を明らかにしようとした一冊であり、19世紀に出版されて以来、多くの読者を魅了してきた。意外と親切な本で、序文に「1章は難しい」

と宣言されている。ただしマルクスなりに頑張っていて、「小麦」や「鉄」など具体例を出しながら、すべてが「商品」となった社会について説明される。有名なのは24章。「資本主義的私有の最期を告げる鐘が鳴る。収奪者が収奪される」という箇所は、さまざまな解釈を呼んできた。いつの時代も資本主義が終わるという議論は、一部の人にとっては魅力的なものらしい。

**本とのつきあい方**

僕自身、「名著」や「古典」の熱心な読者ではなかった。

子どもの頃に好んで読んでいたのは、文学全集ではなく、図鑑ばかりだった。研究者になってからも、必要な本を読むことが多く、ただ有名なだけで「名著」や「古典」に手を伸ばそうとは思わなかった。

だから、本書をきっかけに初めて読んだ本も多い。結論から言えば、前提知識と目的さえあれば、ほとんどの本は、それほど難しくない。

研究者は怒るかも知れないが、わからない言葉がでてきたり、登場人物がわからなくなった時は、やはりウィキペディアが役に立つ。特に『源氏物語』では、各帖のあらすじや、人物紹介がリンクで行ったり来たりできるので便利だ。熱心なファンのついているコンテンツにおける、ウィキペディアの充実度と専門性には感心させられる。

訳書が複数ある本はどれを選んでもいいが、総じて光文社古典新訳文庫が読みやすいと思う。レベルの差が激しいものの、あらすじを追うには「まんがで読破」シリーズに頼るのもいい。

ところで、「読める」や「わかる」ということと、「面白い」かどうかは別問題である。これればかりは、読者の境遇によると思う。

高遠弘美さんが言っていたように、本を読むのは義務でも何でもない。好きな時に、好きな本を選び、好きなページを開けばいい。もしもその本が今、面白くないと感じたならば、それは「読み時」ではないということなのだろう。

人生百年時代である。毎年、世界で数百万点の書籍が出版されるが、「名著」はそれほど多くない。だから、長い人生の中で、ゆっくりと本を読んでいけばいい。その時、この本に記された何らかの言葉が役に立つのかも知れない。

本書は『ＦＩＬＴ』の連載を書籍化したものである。

企画は、講談社の井上威朗さんと、夜更けの汚い居酒屋での雑談から始まった。『絶望の国の幸福な若者たち』や『誰も戦争を教えられない』など若者三部作を担当してくれた井上さんと、久しぶりに仕事をすることができた。ちなみに汚い居酒屋なんて、井上さんとしか行ったことがない。

隔月の連載では『FILT』関係者の皆さんにお世話になった。この本は、同誌の存在なしではあり得なかった。対談パートの構成は、いつもの斎藤哲也さんにお願いした。いわゆる「難しい話」を構成できるライターは、ほんとうに数少ない。

書籍化にあたっては、講談社現代新書の所澤淳さん、編集長の青木肇さんが尽力してくれた。こんな時代なので、出版まで一度も会わずに終わるのかと思ったら、きちんと対面での打ち合わせができた。

本は一人でも読める。だけど、一冊の本がきっかけで、誰かと仲良くなったり、喧嘩をすることさえある。会話の中で、思いもよらぬ発見をすることもある。その意味で、誰かと読む本は楽しい。

この先の世界がどうなっていくかわからない。どんな時代が訪れても、知識が無駄になることはない。知識は人を自由にしてくれる。この本や、この本で取り上げた名著が、誰かの人生を、少しでも自由にしてくれますように。

N.D.C. 019　237p　18cm
ISBN978-4-06-528049-2

講談社現代新書　2659

10分《ぷん》で名著《めいちょ》

二〇二二年五月二〇日第一刷発行

著者　古《ふる》市《いち》憲寿《のりとし》　© Noritoshi Furuichi 2022

発行者　鈴木章一

発行所　株式会社講談社
東京都文京区音羽二丁目一二―二一　郵便番号一一二―八〇〇一

電話　〇三―五三九五―三五二一　編集（現代新書）
〇三―五三九五―四四一五　販売
〇三―五三九五―三六一五　業務

装幀者　中島英樹

印刷所　株式会社ＫＰＳプロダクツ

製本所　株式会社国宝社

定価はカバーに表示してあります　Printed in Japan

## 「講談社現代新書」の刊行にあたって

教養は万人が身をもって養い創造すべきものであって、一部の専門家の占有物として、ただ一方的に人々の手もとに配布され伝達されうるものではありません。

しかし、不幸にしてわが国の現状では、教養の重要な養いとなるべき書物は、ほとんど講壇からの天下りや単なる解説に終始し、知識技術を真剣に希求する青少年・学生・一般民衆の根本的な疑問や興味は、けっして十分に答えられ、解きほぐされ、手引きされることがありません。万人の内奥から発した真正の教養への芽ばえが、こうして放置され、むなしく滅びさる運命にゆだねられているのです。

このことは、中・高校だけで教育をおわる人々の成長をはばんでいるだけでなく、大学に進んだり、インテリと目されたりする人々の精神力の健康さえもむしばみ、わが国の文化の実質をまことに脆弱なものにしています。単なる博識以上の根強い思索力・判断力、および確かな技術にささえられた教養を必要とする日本の将来にとって、これは真剣に憂慮されなければならない事態であるといわなければなりません。

わたしたちの「講談社現代新書」は、この事態の克服を意図して計画されたものです。これによってわたしたちは、講壇からの天下りでもなく、単なる解説書でもない、もっぱら万人の魂に生ずる初発的かつ根本的な問題をとらえ、掘り起こし、手引きし、しかも最新の知識への展望を万人に確立させる書物を、新しく世の中に送り出したいと念願しています。

わたしたちは、創業以来民衆を対象とする啓蒙の仕事に専心してきた講談社にとって、これこそもっともふさわしい課題であり、伝統ある出版社としての義務でもあると考えているのです。

一九六四年四月　野間省一